山 너머
곳간

글 김종윤

山 너머
곳간

글 김종윤

mediazoom

당나라 시인 두보(杜甫, 712-770)는 '인생 70 고래 희(人生七十古來稀)'라고 했다. 당시의 평균수명으로 보아 70세까지 살기가 어렵다는 말이다.

잘 알려진 것처럼 두보의 일생은 평탄하지 않았다. 그는 여러 차례 과거시험에서 고배를 마셨으며, 어렵게 합격한 뒤에도 강직한 그의 성격은 온갖 비리와 부정, 권모술수가 횡행하는 현실과 부딪힐 수밖에 없었고, 그로 인한 상처는 온전히 그의 몫이었다. 이래저래 걱정이 많았던 두보의 시는 그래서 더 어둡고 또 무겁다. 그는 매일같이 답답한 가슴을 달래기 위해 술을 마시며 아름다운 자연을 상대로 시간을 보냈다.

조회에서 돌아오면 날마다 봄옷 저당 잡혀, 매일 곡강에서 흠씬 취해 돌아오네. 몇 푼의 술 빚은 어디 가도 있지만, 인생 칠십은 예전부터 드물다네.

두보는 비록 59세의 나이로 세상을 떠났지만, 이 글을 쓰는 나는 벌써 고희(古稀)를 맞았다. 그의 인생처럼 나의 삶도 평탄치 않았다. 대학을 졸업한 후 국방의 의무를 수행하는 과정에서 오른팔을 잃게 되는 사고를 당했다.

모든 것을 잃어버린 것 같았다. 막막하다. 어떻게 살아갈까? 마음을 다잡고 공직에 입문했다. 하지만 공직자로 살아오면서 팔이 없는 장벽은 너무도 컸다. 마치 캄캄한 밤에 홀로 산길을 넘어가는 두려움 속에서 시간을 쌓아왔다. 한편, 두보처럼 문학적인 능력이 없어 詩로서 달랠 수 없으니, 현실의 저항에 맞서며 살아올 수밖에 없었으며, 어느덧 내 나이 70이 되었다.

장벽을 만나 멈칫하면서도, 꿈을 잃지 않았고, 꿈을 현실로 만들어 왔다. 이루어진 작은 꿈들이 모여 새로운 꿈을 펼치는 힘이 되었고, 앞으로 나아가게 하는 원동력이 되었다. 70이 되어 과거를 회상해 본다. 살아온 과정의 순간을 드러내어 이제는 아픔으로부터 도피하고 싶었다.

어릴 적 고무신 신고 나무하러 산등성이를 넘나들기도 하였으며, 20리 산길을 걸으며 학교에 다녔다. 기억도 없지만 아마 발이 부르트고, 겨울이면 더욱 그러했을 것이다. 하지만 그때는 아프다고 느끼지도 못하였다. 이처럼 청년의 때에 사고를 당해 아픔이 있었지만 아픔이라 여기지도 못하고 장벽을 넘는 일에만 집중하며 달려왔다. 누구나 다 어려운 과정이 있기 마련이다. 풍족하면 풍족한 대로 모자라면 모자란 대로 아쉬움이 남는다. 별빛만 반짝이는 고갯길을 걸어가면 두렵기도 하였지만, 지나와 보니 추억으로 남는다. 혹여나 뒤를 따르는 사람이 있다면 길 안내 역할이라도 할지도 모르기 때문이다.

중학교 시절 수업 후 청소 당번을 한 적이 있다. 청소를 마치고 나니 함께 다니던 마을 친구들은 이미 귀가하여 혼자 산길을 걸어야 했다. 학교를 오고 가는 중에는 두 곳의 고개를 지난다. 그것도 공동묘지가 있는 산길이다. 다행히 첫 번째 산길은 날이 어두워지기 전에 지나갈 수 있었다. 두 번째 산을 넘을 즈음 어느덧 어두워졌다. 무서움이 몰려왔으나 그 길을 지나지 않을 수 없었다. 온갖 두려움을 무릅쓰고 30여 분 동안을 걸었다. 한 발 한 발 내딛는 순간의 공포가 아직도 선하다. 그저 자신과 싸우며 걸을 뿐이다. 힘이 듦을 잊어버린다. 이유는 무엇일까? 집으로 가기 위해서는 지나야 하는 길이라 달리 선택의 방법이 없었기 때문이다.

"제목을 무엇으로 할까?" 하고 고민했다. 지나온 과정을 되돌아보면, 많은 장벽을 만났다. 때로는 마음의 상처도 많이 받았다. 하지만 삶이란 만만하지 않다. 의식주를 해결해야 하고 관계 속에서 살아가야 한다. 그리고 누구나 인정을 받고 싶어 한다. 자아 성장의 욕구라 할까? 그러나 아침에 눈을 뜨면 현실은 그렇지 않다. 흉노 정벌에서 패배한 장군을 변호하다 한 무제의 노여움을 사 궁형을 당한 사마천이 생각난다. 그는 궁형 후의 고통을 "하루에 장이 아홉 번 뒤틀린다"고 했다. 고통 속에서도 그는 상고시대부터 한 무제까지 3천 년 역사를 되살린 중국 최초의 역사서 『사기』를 편찬했다. 우리의 속담에 곳간에서 인심이 난다고 했다. 사마천의 경제 철학에서 유래한 말이다. 물질적 안정이 도덕과 인심의 기반이 된다는 철학이다. 현실에 직면한 나에게는 그 곳간은 저 멀리 산 너머 어디에 있을 뿐이었다. 어디에 있을지 모를 곳간을 찾아 희미하게 보이는 별빛을 따라 두려움을 안고 어두운 고갯길을 넘어야만 했다. 두려움 속에서도 어둠을 헤쳐 집으로 가야만 했던 것처럼 세상과 호흡하며 부대끼고 살아갈 수밖에 없었다. 마치 파랑새를 찾아 헤맨 것처럼.

그 과정에서 하늘의 별이 안내하고, 많은 선한 동행자를 만났다. 온화한 부모님과 형제자매와의 만남, 그리고 성원해 준 아내와 자녀와의 만남이 있었다. 항상 좋은 일만 있으랴. 길을 걸으며 슬픔과 분노의 과정도 있었지만, 동료와 선배들이 지지하고 동행해 주었다. 그 과정을 지나며 분노의 원인이 부족함에 있음을 알게 되었으며, 늘 채우려고 애썼다. 채움의 과정 하나하나가 모여 보람이 되었다.

이제 칠순이 되어 그동안 걸어왔던 과정을 회고해 보며, 또 남은 삶을 향한 각오와 다짐을 해본다. 부족하고 내놓을 만한 흔적은 없지만, 세상에 태어나 가족 그리고 사회, 나아가 국가로부터 많은 은혜를 받았음에 감사하며, 어두운 밤길을 혼자 걸어가는 나그네가 있다면 글로나마 동행하고 싶었다. 그리고 그 과정을 이 책에 담아보았다.

나는 그동안 주로 휴먼서비스를 제공하는 일에 종사하였다. 복지국가라는 이름으로 많은 분들이 복지 현장에 종사하고 있다. 이들의 관심과 손길 하나하나는 클라이언트에게는 생사의 문제와 직결된다. 정책을 기획하고 실행하는 과정에서 측은히 여기고 사람을 사랑하는 마음을 품기를 바라는 고언도 실어 보았다. 측은히 여기고 고민할 때만이 아름다운 세상이 만들어질 뿐이다.

누구나 일선에서 은퇴하기 마련이다. 나는 은퇴 후의 삶을 준비하지 않았다. 하지만, 나도 모르게 은퇴 후의 삶을 살고 있으며, 이제 황혼기에 접어들고 있다. 황혼기에 이르렀음을 전혀 모른 채 살고 있다. 콩나물에 물을 주면 다 흘러버리지만, 시간이 지나니 어느덧 자란 것처럼 말이다. 이러한 과정들이 바탕이 되어 발달장애인의 주거와 일상생활을 연계한 현장의 복지시스템을 구축하는 일에 전략적으로, 그리고 보다 치밀하게 임할 수 있었던 것 같다. 그리고 언젠가는 돌아갈 자연 속의 삶을 그리며 주말마다 시골의 농장을 찾아 호미며 예초기와 씨름을 한다. 몸은 힘들지만 그래도 즐겁다. 게다가 느긋하게, 자녀가 성장하여 물질적으로도 허덕이지 않으니 좋다. 어느 정도의 여유를 가지니 그동안 가보지 못했던 전국 산하의 아름다움을 보고 즐길 수 있어 좋다.

 이 책의 주요 내용은 사람이 중심이다. 나는 곧잘 정지원의 시를 안치환이 작곡하고 불렀던 '사람이 꽃보다 아름다워'란 노래를 불러본다. 이 노래를 흥얼거리며 또 자신에게 최면을 건다. 사람의 향기를 널리 풍기며 마무리하고 싶다고.

 지독한 외로움에 쩔쩔매본 사람은 알게 되지 음 알게 되지
 그 슬픔에 굴하지 않고 비켜서지 않으며
 어느 결에 반짝이는 꽃눈을 달고 우렁우렁 잎들을 키우는
 사랑이야말로
 짙푸른 숲이 되고 산이 되어 메아리로 남는다는 것을

 　　　　　　　　　　　　　　 -안치환, 〈사람이 꽃보다 아름다워〉 중

　　　　　　　　　　　　　　　　　　 2025년 9월
　　　　　　　　　　　　　　　　　　 김종윤 씀

김 박사가 걸어온 길은
부산 사회복지 발전의 역사

전 부산대학교 대학원장 **신복기** 교수

　김 박사가 걸어온 길은 부산 사회복지 발전의 역사다. 하나의 사회복지 제도가 구축되기 위해서는 현실의 복지 문제가 반복되어 이를 정책적으로 해결하려는 정부 단위의 정책의제로 채택되어야 한다. 그러다 보니 늘 복지제도는 사건들이 발생한 후에 만들어질 수밖에 없다.

　그러나 그는 늘 앞서 복지 문제를 예견하고 "어떻게 대처하면 좋을까"를 고민하여 이를 제도화시키는 데 앞장서 왔다. 그는 행정가로서 그리고 사회복지에 대한 이론적 기반을 갖춘 이론가로서 부산 사회복지의 발전을 위해 혼신을 다해 일해 온 사람이다. 가까이서 그를 만날 즈음이면 다양한 복지 현실의 모순과 안타까움에 대하여 열변을 토한다. 그러한 그의 열정이 모여 부산의 사회복지시스템이 보다 더욱 촘촘하게 발전되지 않았나 싶다.

 저자가 걸어온 삶의 과정들 하나하나의 이면에는 특유의 올곧고도 따뜻한 품성이 녹아나고 있다. 은퇴할 나이가 훨씬 지났음에도 그의 열정은 대단하다. 나의 많은 제자가 일선의 사회복지 현장에서 사회복지 행정가로 또는 실천가로 활동하고 있다. 이 책을 통해 그의 사상과 사회복지 실천 의지를 공유해 보기를 권한다.

울림을 주는 삶의 궤적을 따라

전 대법관 **김신**

　부산고등법원에서 판사로 근무하면서 부산광역시의 소송 수행자로 출석한 저자 김종윤을 처음 만났습니다. 그 시절에 오른쪽 팔을 잃은 장애인 공무원이 소송 수행자가 된 것은 흔치 않은 일이었습니다. 그는 재판 준비를 철저히 하고, 성실하고 진지하게 소송에 임하였습니다. 소아마비 장애인인 저로서는 그의 노력과 수고를 짐작할 수 있었습니다.

　그 후 저자가 부산광역시에서 어떤 자리로 옮겨서 어떻게 일하고 있는지 지켜보면서 말없이 응원해 왔습니다. 공무원으로 정년 퇴직한 후에는 그동안의 공직생활 경험과 사회복지학 박사로서의 학식을 토대로 아직도 장애인 복지의 최일선에 활동하고 있는 것도 대단한 일입니다.

저자가 고희를 맞아 그동안의 삶의 여정을 돌아보며 이 책을 출판하였습니다. 책을 읽으면서 저자의 따뜻한 마음과 울림을 주는 삶의 궤적에 감동을 받았습니다. 많은 분들이 이 책을 통해 이런 감동을 함께 누릴 수 있으면 좋겠습니다.

차
례

프롤로그   004

추천사   010

1부   그리운 부모님   018

사랑하는   보고 싶은 형님과 동생   026

가족   사랑하는 아내와 자녀   028

2부   꿈을 모르고 자라다   038

꿈이 없었던   바다를 지키는 용사가 되다   045

학창 시절

3부   어찌할꼬?   050

곳간을 찾아   별빛과의 동행   058

넘었던 고갯길 전국 최초 육교 엘리베이터 설치   062

                 미래를 위한 투자   068

                 뇌병변 장애인 복지관 건립   072

                 비빌 언덕   077

                 학대 피해와 입양가정 아동   082

                 자살 예방을 위한 심리 부검   091

                 장애인 전용 치과병원 건립   096

                 알코올에 의존하는 사람들   100

                 대한민국 복지대상 수상   105

4부
은퇴 후
새로운 길

다양한 경험과 지식은 은퇴 후 삶의 활력　　116
대학 교수와 복지정책 연구책임자　　120
장애인 복지관장의 현장 경험　　127
발달장애인과 함께 걸음　　134
발달장애인을 위한 최초의 독립 주거모델 구축　145

5부
제3의 삶,
어떻게 살까?

나에게 적합한 행복의 기준은?　　156
배우고 익히며 건강한 삶을 살고 싶다　　161
소중한 가족의 일원으로 살고 싶다　　163
고마운 친구와 교류하며 감사하고 싶다　　168
자연을 벗 삼아 살고 싶다　　176
여행하며 즐기는 가운데 배움을 얻고 싶다　　186

6부
고민하며
함께 걸음

복지 철학의 출발은 측은지심　　214
교육 철학의 확립과 제도의 혁신을 기대함　　219
아이들은 미래의 희망　　230
수요자가 바라는 복지정책　　233
요양보호는 필수, 꼼꼼한 점검과 대비　　242

에필로그　　250

1
부

사랑하는 가족

그리운 부모님
보고 싶은 형님과 동생
사랑하는 아내와 자녀

─── 그리운 부모님

자유의지로 출생한 사람은 세상에 아무도 없다. 그렇지만 어느 가정에서 태어났는지가 평생의 삶을 좌우하기도 한다. 미국의 가정에서, 한국의 가정에서, 열악한 아프리카의 가정에서, 혹은 북한의 가정에서 태어나기도 한다. 우리나라에서 태어나도 명문가나 부유한 가정에서 태어나는가 하면 지독히 찌든 가정에서 태어나기도 한다. 흙수저 금수저로서 말이다. 태어난 가정이 어느 곳이든 이를 되돌릴 방법은 없다. 그렇다면 내 자녀 또는 후손에게는 좋은 나라 좋은 가정에서 태어남을 물려주어야 하는 게 우리의 의무다. 어떻게 하란 말일까? 다방면의 지식을 습득함과 아울러, 급변하는 환경에도 굴하지 않고 이기는 힘, 좌절하지 않고 일어설 수 있는 도전정신, 끈기, 사랑, 지혜, 바른 마음 등을 길러주어야 할 것이다.

나의 부모님은 1921년생 동갑내기로 어머니는 89세, 아버지는 93세의 일기로 세상을 떠나셨다. 아버지께서는 갈대를 엮어 장판을 만들어 시장에 파시던 할아버지가 일찍 작고하시는 바람에 1남 5녀의 장남으로서 동생들을 시집보내는 소명을 다하여야 했고, 우리 2남 3녀의 부양 부담을 짊어져야 했다. 아버지는 간단한 한글이나 숫자 정도만 기록할 수 있었으나 어머니는 아예 문맹으로 농사를 지으며 살아오셨다. 농사를 지으셨으나 오늘날처럼 관개 시설이 되지 않아 한여름 홍수 때가 되면 온 들판이 바다가 되기 일쑤라 소득을 기대하기도 힘들었다. 당시의 열악한 환경에도 작은누님을 중학교에, 형님과 나를 대학교까지 동생을 고등학교까지 공부시켰으니 당신 자신의 삶은 살 수 없었을 것이다.

나는 교육이 미래에 대한 제1의 투자임을 확신한다. 요즈음 각종 매체를 보면 여성들의 왕성한 활동 모습을 본다. TV 속의 당찬 기자나 앵커, 그리고 사회 전반에 걸쳐 왕성한 활동을 하는 여성들을 쉽게 볼 수 있다. 공무원 시험 합격자나 수재라 불리는 초·중학교 교사들의 70~80%가 여성이라고 한다. 심지어 특전사 요원, 해군 특수부대인 UDT, 해병대, 전투기 조종사 등에 이르기까지 다양하다. 특히 지적 능력이 요구되는 분야에 여성들은 치밀함을 무기로 왕성하게 참여하고 있다. 아마 프랑스혁명과 미국의 독립운동을 계기로 '법 앞의 평등' 또는 '정치적인 평등'이라는 사상과 자본주의 발달에 따른 기계화, 정보화 사회는 남성의 육체적 힘을 중시하기보다 여성들이 섬세함, 그리고 정교함에 덧붙여 교육을 통한 전문지식을 습득한 결과가 아닌가 싶다. 나 역시도 어설픈 70년대 말의 대학교육을 받았지만, 그 교육이 바탕이 되어 산업화, 정보화 시대를 맞이하면서 육체적 노동이 아닌 지식과 지혜로서 적응할 수 있었다. 어려운 환경에도 자녀교육을 위해 헌신하셨던 부모님이 한없이 고마울 따름이다.

부모님의 삶을 회고해 보면 이렇다. 아버지께서는 어릴 때 약골이었나 보다. 오늘날의 초등학교에 입학하자마자 줄곧 몸이 아파 학교에 다니지도 못하였으며, 1남 5녀의 장남이라 할머니와 할아버지는 온갖 정성을 다하셨나 보다. 당시에는 의술이 변변치 못해 우황(소의 쓸개 등에 병적으로 생긴 담석을 말린 것)을 잘못 먹인 이후 말이 어눌하셨다 한다. 아마 어리실 때 놀림도 많이 받으셨으리라 짐작한다. 부득이 공부를 그만두고 할아버지의 가업을 이어받아 갈대 장판이며, 대나무 소쿠리, 멍석 등을 만들어 시장에 팔아가며 사신 것 같다. 1943년도 세계 제2차대전이 한창일 무렵에는 만주로 끌려가 강제노역을 당하시다 1945년 8월 해방이 되자 집으로 돌아오셨고 한다. 그곳에서 참호를 파거나 탄약을 나르는 등 극심한 노역을 당하신 것 같다. 가슴 아픈 일이다.

한편, 할아버지는 굉장히 완고하셨다. 시골 장날이면 곱게 두드리고 다려준 모시 적삼을 입고 갈대 장판이며 소쿠리 등을 팔러 가셨다. 물건을 다 파시면 주머니도 두툼하니 막걸리 한 잔을 마셔야 했다. 마을 어귀에 당도할 즈음이면 고주망태라, 정성껏 입혀드린 옷가지는 만신창이가 되고 마치 개선장군이라도 되신 것처럼 아들을 불러서 업고 집으로 가자고 재촉하셨단다. 이때쯤이면 할아버지와 아버지는 엄하신 스승과 제자로 돌변하였다. 이 과정에서 아버지는 엄하신 할아버지에 대한 순종으로 길들어지고 여기에다 장남으로서 어머니, 아내, 동생, 그리고 본인의 자녀들을 부양하는 위대한(?) 사명을 부담하신 것이 아닌가 싶다.

　이런 환경의 지배로 아버지는 과묵하셨으며, 할아버지를 닮지 않은 이상한 체질인지 술을 한 잔도 마시지 못하셨다. 그리고 타인과의 관계에서 명확하게 '아니오'라는 표현을 하지도 못하셨다. 나로서는 이러한 성격에 화나기도 했으며, 불만도 있었다. 이러한 탓으로 성장 과정에서 이러거라 저러거라 하는 지시는 한 번도 없으셨다. 인근 시골의 중학교 과정(집에서 9km 거리를 걸어서 다님)을 마치고 진주에 있는 고등학교에 입학시험을 치를 때도 한마디 말씀도 없었다. 아마 어떤 학교인지도 모르실 뿐만 아니라 어련히 알아서 하겠지, 하고 믿음으로 성원해 주셨을 것이다. 고등학교에 다닐 때 폭우로 홍수가 나서 자갈이며 흙이 논을 뒤덮은 일이 있었다. 이 광경을 보고 어머니는 길바닥에 퍼질러 앉아 한참을 우셨다. 보다 못해 나는 학교에 가기 위해 진주로 가기를 포기하고 이틀간이나 돌멩이며 흙을 치우기도 했다.
　방학 기간에는 학교의 보충수업을 받지 않고 부모님 농사를 거들었더니 보충수업에 참여하지 않았다고 부모님을 호출한 적이 있었다. 어느 날 담임 선생님께서 교무실로 호출했다. 이게 웬일인가. 어머니께서 학교에 오셨다. 다행히 어느 정도 모범생이고 공부도 꽤 잘하는 편이라 담임 선생님께 "부모님의 사정을 잘 들었으며, 너에게는 지금 부모님을 돕는 것보다 힘이 들더라도 미래를 위해 공부에 힘쓰라"라는 격려를 받기도 하였다. 아버지께서는 아마 자녀교육을 등록금 주는 것으로 의무를 다하신다고 생각하셨겠지만, 나에게는 부모님에 대한 큰 부담으로 항상 남아 있었다. 고등학교 시절 다들 수학여행을 떠났지만 동참하지 못하고 부모님을 도와 벼 벼기를 거든 적이 있다. 대학을 진학할 때도 마찬가지였다. 어느 대학을 갈 것인지도 아버지는 한 번도 물어보지 않으셨다. 아버지께서 학교에 오신 적은 졸업식 때 함께 사진을 촬영해 주신 게 전부다.

아버지의 교육관은 등록금을 주는 것으로 임무를 다했다는 방임이라고 하겠지만, 그만한 사정이 있었다고 본다. 우선, 학교 진학 등과 관련해서는 내가 아버지보다 100배 이상의 지식이 많다. 그러니 내 판단이 옳을 것이라고 믿었기 때문이 아닐까 싶다. 나역시 마찬가지다. 내 딸은 음악을 전공하고 서울대학교에서 음악학 박사과정 공부를 마쳤으며, 아들은 부산대학교에서 나노과학대학을 졸업하고 공학박사 학위를 취득하였다. 그러니 나 역시 딸이나 아들에게 공부와 관련한 지시를 할 수도 없다. 그들은 그 분야에 있어 나보다 100배 이상의 지식이 많기 때문이다.

2000년 초, 부산광역시 공무원으로 노인복지팀 팀장 근무를 할 때다. 당시만 해도 우리나라 복지수준이 이제 막 태동할 즈음이다. 부산시민회관에서 어버이날 기념행사를 하게 되었다. 어버이날은 노인들만이 아닌 어버이를 기리는 날이지만 어느새 노인들이 주로 참여하게 되었다. 예전의 행사 준비를 더듬어보니 기념식 선물로 우유 한 개와 빵 하나를 나누어 주고, 식전 행사로 가수를 초빙하여 노래를 불러주었으며 시장님의 축사로 마무리하였다. 좀 진정성 있게 의미 있는 선물을 드리며 위로해 주고 싶었다. 마침 당시 내가 야간에 강의를 나가던 학교의 제빵학과 교수님을 설득하여 케이크를 만들고 금고 은행을 설득하여 은행 임직원들이 카네이션을 직접 가슴에 달아 드리기로 하였다. 결과는 감동적이었다. 문득 내 어머니와 아버지가 떠올랐다. 어떻게 할꼬? 매주 시골에 계신 부모님을 찾아가기로 마음먹었다.

처음에는 아내와 함께 반찬을 만들어 갔으나 주일 교회 행사가 많은 아내를 고려하여 혼자 가는 날이 많았다. 시골집에 도착하면 어머니께서 밥을 가득 지어 놓으신다. 어머니! 밥을 많이 지으면 식은밥이 되고 밥맛도 없으니 조금 적게 하라고 노래를 한다. 너 배고플까 봐 많이 했단다. 시골에 도착하여 점검하는 1순위가 냉장고와 가스레인지다. 냉장고는 김치 등을 잘 덮어 냄새가 나지 않는지, 가스레인지는 국물이 넘쳐 가스가 누출되지 않는지가 우선이었다. 부모님을 찾아가는 이유는 훗날 돌아가신 후 자책감이라도 덜 수 있을 것이라는 믿음 때문이다.

그러나 아뿔싸. 어머니는 89세 되던 해 교회에 가기 위해 문 앞을 나서는 순간 심장마비로 돌아가셨다. 그것도 내가 가보지 못했던 주간의 일요일 오전이었다. 부음을 받고 달려가니 이미 싸늘한 죽음뿐이었다. 한동안 너무 슬프고 가슴 아파했던 기억이 있다. 어머니께서 갑작스럽게 세상을 떠나시지 않고 와병 상태에 오래 계셨으면 어떠했을까? 어머니께서 돌아가시고 홀로 남은 동갑내기 아버지는 우리 집과 형님 집을 번갈아 오가시며 생활하시다 이내 곧 어머니 곁으로 떠나셨다.

　그맘때 아이들은 성장해 아들은 해운대에 있는 자립형 사립학교인 해운대고등학교에 다니고 딸은 금정구에 있는 예술고등학교에 다니게 되었다. 아이들이 다니던 학교와 집이 너무 멀어 화명동(지금은 번화가이자 북구의 중심축이 됨)에서 동래구로 이사를 오게 되었다. 이사를 하려니 돈이 모자라 부득이 은행을 이용할 수밖에 없었다. 달리 은행 부채를 갚을 수 없는 상황에서 어머니 아버지의 부음에 위로해 준 동료들의 부조가 많은 도움이 되었다. 돌아가시면서까지 자식의 상황을 정리해 주신 부모님이 그립다.

　이제 칠순(七旬)이 되어 부모 형제와 함께 지내 온 유년 시절을 회상해 보니 아쉬움이 많지만 그래도 좋은 가정에서 태어났다고 자위해 본다. 우리 세대 부모들이 다 그러했듯이 자녀를 위한 일이라면 자신의 삶과 모든 것을 포기하고 무한한 사랑을 주셨다.

그 자양분을 먹고 자란 것이 가장 큰 행복이다. 나 역시 자유의지로 태어나지 않았다. 하지만 당시의 어려운 환경에도 고등교육을 받을 수 있는 큰 혜택을 누렸다.

우리나라의 '국민기초생활 보장법'은 잘 설계된 법이라 생각한다. 이 법에 따르면 팔을 잃은 나는 중증장애인으로 근로 능력을 상실한 사람이다. 하지만 나는 근로 능력을 상실했다고 생각해 본적이 없다. 자린고비지만 부모님께서는 흔히들 말하는 낚시하는 방법을 가르쳐 주셨기에, 신체적 장애라는 굴레에서 조금도 머물 수 없었다. 그러니 거의 모든 부모가 자녀에 대해 무한투자를 하는가 싶다. 물론 주변에는 일찍이 홀로서기를 하여 흔히들 말하는 성공한 사람들도 많으나 그 확률은 극히 낮은 수준이다.

낳으실 제 괴로움 다 잊으시고, 기르실 제 밤낮으로 애쓰는 마음, 진자리, 마른자리 갈아 뉘시며, 손발이 다 닳도록 고생하시네. 하늘 아래 그 무엇이 높다 하리오….

──── 보고 싶은 형님과 동생

형제자매 이야기를 잠시 해본다. 내 위로 두 살 터울인 형님과 팔순이 넘은 두 분의 누님이 계신다. 두 살 위인 형님과 세 살 아래인 여동생은 이미 지병으로 하늘나라에 갔다. 형님은 오로지 일밖에 몰랐다. 무일푼으로 시작하여 기술을 인정받아 많은 부(富)도 축적하셨다. 형님은 그 흔한 골프도 못 치셨다. 술도 못 마셨다. 오로지 일에만 매달려 오다 환갑을 갓 넘은 나이에 하늘나라의 부름을 받았다. 이제 어느 정도 살만큼 돈도 벌었으니 함께 인생을 마무리하며 장손으로서 버팀목이 되어 주었으면 얼마나 좋으랴. 슬프고 마음이 무척 아프다. 다행히 연세대학교를 졸업한 조카가 가업을 이어받았으며 또 한 조카는 독일 유학 후 귀국하여 박사학위를 취득하고 연구원으로 근무하고 있어 고맙다.

사랑하는 여동생도 59세의 나이로 하늘나라에 갔다. 어렸을 적 유난히 작은오빠인 나를 좋아했으며 가는 곳마다 따라오려 하여 못 오게 나무랐던 일, 가정형편이 어려웠던 탓에 늦게 고등학교에 진학했던 동생을 생각하니 목이 멘다. 동생이 하늘나라로 떠나갔을 때 솔직히 말해서 부모님과의 이별보다 더 마음이 아팠다. 이제 남은 형제는 흔히들 말하는 병신(오른팔을 잃은 나, 언제 하늘나라의 부름을 받을지 모르는 두 누님)들만 남은 셈이다. 특히 연로하신 큰 누님을 보면 늘 애처롭다. 물론 자녀들이 장성하였으며 손주들도 잘 자랐고 손주 하나는 서울대학교를 졸업했다.

큰누님은 고모보다도 연배다. 고만고만한 살림 속에 아버지는 누님이 어릴 때 어린 우리들을 나무라지 못하였다. 누님에게만 혹독하게 하셨으며 초등학교만 졸업하고 시집을 보냈다. 측은하게도 부모님은 누님에게 유년 시절의 꿈을 심어주지 못했다. 넓은 품으로 감싸주지도 못했다. 다행히 작은누님께서 잦은 전화로, 그리고 찾아가 넋두리를 들어주니 고마울 따름이다.

작은누님은 아들만 둘이다. 두 자녀도 훌륭하게 키워 한 놈은 공학박사로 P 제철 연구소의 수석연구원으로, 또 한 놈은 치과의사로 근무 중이다. 잘살고 있지만, 딸 만큼 살갑지 않은 것 같다. 큰누님께서 멀미를 심하게 하니 함께할 수 없어 작은누님과 자형, 그리고 우리 내외가 강원도 일원을 여행하며 서로의 정을 나누고 함께 시골 농장(자형께서 저렴하게 좋은 땅을 주셔서 힐링하는 장소를 마련함)에서 일하며 소소한 행복을 누리고 있다. 앞으로도 남은 혈육과 교류하며 위로하는 일들이 나의 사명이라 생각하지만, 실제 행동으로 옮기기는 여의치 않은 것 같다.

─── 사랑하는 아내와 자녀

군 생활을 하던 중 서해5도 해상에서 오른팔을 잃고 부모님이 계시는 시골로 돌아와 머무를 때이다. 당시 나는 불투명한 미래와 무능력하기만 한 현실을 한탄하며 축사를 짓고 한우 송아지 10마리 기르고 있었다. 밤이면 글씨를 연습하느라 성경을 필사하곤 하였다.

그때 아내를 만났다. 아내와의 만남은 이렇다. 어렸을 적 할머니께서는 교회를 다니셨다. 산을 넘어 4킬로미터 이상의 산길을 걸어 다니셨다. 추수를 마치면 할머니는 추수한 곡식을 나의 등짐에 메이고 동행하게 하셨다. 그것이 계기가 되어 형님과 나는 교회를 다니게 되었다. 한참이 지나 대학을 다닐 때도 집 가까이에 있는 교회를 다녔으나 신앙이 깊지 못했다. 그러던 중 군(軍)에 입대해 사고를 당하였다. "왜 나에게 이런 아픔을 주는지", "신은 죽었다"라는 생각을 하면서도 글씨 연습을 위해 성경을 필사하는 현실은 이율배반적이었다. 그러던 어느 날부터 나에게 가까운 교회에서 전도 편지가 날아왔다. 이 편지를 보낸 이가 아내였다. 당시는 대학생이 귀한 시절, 그것도 당시의 지방 국립대는 서울의 어느 대학에 견주어도 평판이 괜찮았다. 그러던 한 청년이 실의에 빠져 은둔생활을 하나 싶어 측은히 여겼을 것이다. 불쌍한 영혼을 구제해야지. 이런 마음에서 아내는 매주 전도 편지를 보냈다. 아내는 초등학교 한 칸 선배로 공부도 꽤 잘했으며 부유한 집 막내딸이었다. 풍족하게 살아 시골의 자린고비를 전혀 모르는 사람이다. 그러니 장인 장모가 미리 알았다면 다리가 부러져도 여러 번 부러졌을 것이다.

아내는 무일푼 중증장애인에다, 미래도 불투명한 나를 믿음으로 선택한 것 같다. 우리의 결혼식 날, 애지중지 기르고 대학까지 공부시켰던 막내딸의 결혼식이었지만 장인 장모는 식장에도 나타나지 않았다. 지금 생각하면 얼마나 가슴이 아팠을까 싶다. 결혼 후 한 달여 간 시골에서 머물다 무작정 부산행이다. 애지중지하며 키웠던 송아지가 황소가 되었으나 솟값 파동으로 매입하였던 송아지 가격으로 10마리 모두를 처분했다.

그 후 총무처(요즈음의 행정안전부)에서 시행하는 7급 공무원 시험에 합격하여 부산중구청에서 근무할 때이다. 온몸에 열이 자주 난다. 감기도 자주 걸린다. 왜 그럴까? 좌심방과 우심방 사이의 격막에 구멍이 나서 온몸을 돌아 노폐물을 동반한 피가 폐를 통해 흡입한 신선한 산소를 통해 걸러지지 못하고 나쁜 피가 다시 돈다는 것이다. "아! 가슴이 아파요"라는 심장병 환자를 위한 캠페인이 이제 막 시작되는 1985년도이다. 이미 오래전 발생한 격막의 구멍으로 혈류를 바꾸면 높은 혈압으로 생명의 위협이 심하게 우려됨에도 수술 외에는 방법이 없단다. 심장 수술 만이 답이다. 하나님의 은혜로, 그리고 많은 분의 격려와 염려를 받으며 쾌차할 수 있었다. 몸에 탁한 피가 돌고 있으니, 면역력도 약하고 잦은 질병에 걸리기 일쑤다.

심장병 수술 후 3년 만에 건강을 완전히 회복하고 우리는 사랑하는 딸을 선물로 받을 수 있었다. 딸을 얻은 후 그 이듬해 아들을 또 선물로 받았다. 연년생 자녀를 기르면서 아내는 그 누구의 도움도 받을 수 없었다. 연로하신 부모님과 장인 장모라 양육의 부담은 혼자의 몫이었다. 요즘 생각하면 기적 같다. 늘 아내가 고맙다. 그러니 늘 죄지은 사람 같다.

잠시 사랑하는 딸과 아들을 소개해 본다. 딸아이는 어려서부터 고집도 세고 누구에게도 지기를 싫어한다. 피아니스트 겸 시인이 되고 싶단다. 피아노를 치며 시를 쓰는 모습이 좋았던 것 같다. 하지만 훌륭한 음악가는 타고난 재능이 있어야 한다. 노력도 중요하다만 노력만으로는 한계라고 본다. 재능과 노력이 결합 되어야 훌륭한 예술가가 될 수 있다. 피아노를 전공하는 것보다 다른 공부를 하는 것이 나을 것이라 설득하였지만 고집은 꺾을 수 없었다.

아이가 초등학교 5학년 때의 일이다. 학교 방송부에 들어가고 싶다고 한다. 방송부에 들어가려면 성적은 물론 다면평가 과정을 거치게 되었다. 떨어져 실망할까 봐 만류하기도 하였으며 떨어져도 실망하지 말라고 설득하였으나 막무가내다. 목표가 명확하기에 무사히 방송부에 들어갈 수 있었다. 중학교 과정을 마치고 고등학교 진학을 하면서 예술고등학교에 간단다. 중요한 선택이라 은근히 포기를 권하였으나 막무가내다. 대학은 이화여대를 간다는 것이 명확했으며 무사히 입학과 졸업을 하게 되었다. 대학 시절 피아노와 언론 정보학을 복수전공을 할 때다. 언론 정보학 수업 중 인물취재라는 과제를 하게 되었다. 많은 학생이 유명 인사를 중심으로 인물취재를 하였으나 이 녀석은 아버지에 대한 인물취재다. 장문의 질문지를 메일로 보내와 답한 적이 있다. 이 취재를 계기로 담당 교수에게 신선한 모습을 각인시켜 주기도 하였단다. 졸업 후 얇은 월급봉투로 유학의 길을 접은 채 서울대에서 음악학 석박사 과정을 마쳤으며 이제는 KBS 음악실의 방송작가로 활동하고 있다. 이제 한 돌을 맞이하는 손녀, 그리고 서울대에서 물리학을 가르치는 남편과 새 가정을 이루어 살고 있으니 고마운 일이다.

아들 녀석은 많은 시행착오를 거치며 부모 속을 썩이기도 하였다. 자립형 사립학교인 해운대고등학교에 다니던 때이다. 2학년 어느 날 학교에 가지 않겠다고 선언한다. 성적도 꽤 좋은데 말이다. 이게 무슨 날벼락인가. 이 과정에서 아내는 아들 녀석에게 그만둘 사유를 말하라고 채근하였다. 그럴수록 이 녀석은 더 완강해진다. 문을 걸어 잠그고 게임만 한다. 네 탓이니 내 탓이니 하며 부부 싸움도 하였다. 남자로서 표현하기 어려운 일들이 분명히 있었을 것이고 자신은 학교를 그만두는 것이 해결책이라고 믿었을 것이다. 자녀는 부모의 유전인자를 물려받았을 것이고 그렇지 않다면 위를 거슬러 올라갈 수도 있다. 또한 성장환경도 매우 중요하다. 부부 싸움을 보고 자란 아이는 성인이 된 후 학습된 경험들을 무의식적으로 표출하는 사례들을 많이 본다. 이를 어떻게 할 것인가. 시간을 두고 기다려 보기로 하였다.

아들 녀석보다 아내를 설득하는 일이 많았다. 기다려 보자고. 수많은 인내를 거듭하였다. 두레마을을 구상하고 설립하였던 김진홍 목사의 일화를 생각하면서 말이다. 김진홍 목사께서도 어렸을 때 어머님의 속을 꽤 많이 상하게 하셨나 보다. 어느 날 밤늦게 집에 돌아오다 외삼촌과 목사님 어머니 사이의 대화를 엿듣게 되었단다. 요지인즉 진홍이는 아무래도 틀렸으니 포기하라는 외삼촌의 권유에 목사님의 어머니께서는 단호히 말씀하셨단다. "놔둬, 우리 진홍이는 나중에 큰 인물이 될 거니 걱정하지 말아라"라는 말씀이었단다. 그 말을 듣는 순간 목사님께서는 큰 깨달음을 얻게 되었으며 오늘처럼 선한 영향력을 끼치는 목사님으로 성장하게 되었단다.

아내는 매일 새벽기도를 다녀온 후 잠자는 아들의 이마에 손을 없고 기도하였다. 나 역시 채근하거나 다짐을 받기보다 먼발치서 지켜보면서 이제 마음을 고쳐먹을 때가 되지 않았냐 하는 정도의 권유를 할 뿐이었다. 그 후 아들 녀석은 검정고시를 거쳐 부산대학교 나노과학대학과 대학원을 거쳐 공학박사 학위를 취득하고 현재 한국과학기술원(KIST)에서 파견 연구원으로 근무하고 있다. 힘든 과정이었지만 지나오니 아쉽지만 고맙다.

아이들이 초등학교에 다니던 시절, 아내의 권유로 8주 과정의 아버지 학교에 다닌 적이 있다. 첫 번째 과제가 아버지와의 관계를 회복하거나 회상하는 일이었다. 두 번째는 아내와의 관계에서 남편의 역할을 음미하고, 세 번째는 자녀와의 관계를 음미해보는 것이었다. 그중 자녀와의 관계다. 100가지 자녀 자랑을 써 오라는 과제를 하게 되었다. 아무리 생각해도 미운 오리 새끼처럼 자랑거리가 떠오르지 않았다. 우선 생각나는 대로 현실적인 생각을 기술할 수밖에 없었다. 너희들이 태어나 우리 가족이라는 울타리가 되어 주어 고맙다. 아빠가 심부름을 시켜줄 사람이 있어 고맙다. 잠시 뒷산에 갈 때 혼자 가기보다 함께 가주어 고맙다. 100점 받아와서 고맙다. 시골 부모님 댁에 갈 때 따라가 줘서 고맙다 등 이기적인 문제에 답하다 100가지를 채우려니 가정의 소중함, 그리고 자녀를 바르게 양육하려는 꿈과 희망 등으로 나아가게 되었다.

또 하나의 과제가 있었다. 자녀와 2시간 이상 대화를 하는 것이었다. 딸아이는 개성이 강하고 완고한 성격이다. 그런 면에서 아마 아내의 유전인자를 많이 받은 것 같다. 아내와 딸 녀석이 한바탕 싸움을 한 적이 있다. 지켜보던 나는 도저히 참을 수 없어 딸아이를 물리적으로 진압한 적이 있다. 두고두고 딸아이에게 미안하고 행사한 물리력을 후회하기도 한다. 이런 일이 있고 난 후 딸아이와 단둘이서 2시간 이상의 대화를 하는 것은 어려운 일이지만, 과제를 기회로 아비의 속마음을 드러내고 딸아이의 상처를 치유하기로 하였다. 승용차를 몰고 딸아이와 단둘이서 영남의 알프스라는 '배내골', '석남사' 등지로 드라이브를 하였다. 오가는 중에 미안함을 전하니 딸아이 역시 미안함을 토로하였으며, 레스토랑을 들러 평소 같으면 생각지도 못할 음식을 사 먹였다. 음식을 먹는 중 혹시 다른 사람들이 아동 납치라고 오해할까 봐 염려도 한 적이 있다. 상처는 빨리 치료하는 것이 좋다. 상처를 오랫동안 두면 다른 바이러스에 감염되기 쉽다. 아버지 학교에 다닌 경험이 유익했음을 새삼 느낀다. 요즈음도 가끔 자녀들에게 포용과 용서를 이야기한다. 아들 녀석이 자라면서 키도 크고 힘도 세어지니 어미 정도는 우습게 보는 경향도 많다. 이때 아들 녀석에게 충고한다. 네가 대통령이라든지 회사 사장이 된다면 힘없는 국민과 사원을 어떻게 보겠느냐, 힘이 셀수록 권력이나 권한이 많을수록 용서하고 이해하려는 마음을 더욱 지녀야 한다고.

무자식이 상팔자란 말이 있다. 자식이 없으니, 자식들로 인한 근심 걱정이 없고 몸과 마음이 편하다는 말이다. 바람이 불어와

나무를 흔들어주지 않으면 그 나무는 튼튼하게 자랄 수 없다. 조금만 강하게 바람이 불어도 쉬 부러지거나 넘어진다. 마찬가지다. 퇴근하면 말동무가 되고 함께 여행하며 친구도 되고 때로는 간섭쟁이가 되지만 아내가 있고, 멀리 떨어져 있어도 마음속에 가까이 있는 자녀가 있어 외롭지 않다. 가족이 주는 행복이다.

2
부

꿈이 없었던
학창 시절

꿈을 모르고 자라다

바다를 지키는 용사가 되다

꿈을 모르고 자라다

      이제 일흔이 되다 보니 초등학교 시절의 기억은 별로 생각나지 않는다. 요즈음은 초등학교에 입학하기 전 한글과 영어까지 익히는 아이들이 많다고 한다. 하지만 당시에는 입학하기 전에 글을 읽는다는 것은 드문 일이다. 누가 가르쳐 줄 것인가? 다행히 나는 누님이 있어 글을 익힐 수 있었으니 1학년 때에는 우수한 학생이었을 것이다. 차츰 고학년이 돼갈수록 교과를 이해하고, 암기하고, 유추하는 모습으로 성장해야 하는데 나는 승부욕이 부족해 그러지 못했다.

  어릴 때 아이들은 위인전을 읽으며 자신을 위인과 동일시하며 성장한다. 미래의 꿈을 그리며 자신도 모르게 도전하는 모습을 익힌다고 할까. 다른 친구들은 어떠했는지 모르지만, 초등학교 때 위인전을 읽은 기억이 없다. 그저 학교에 갔다 오면 소 먹이러, 나무하러, 산으로 들로 다녔던 기억밖에 없다. 심지어 아침 일찍 일어나 소를 먹여 놓고 학교에 가야 한다. 그러니 공부에 대한 취미나 목표의식도 가지지 못했던 것 같다.그럭저럭 초등학교를 졸업하고 인근에 있는 중학교로 진학하게 된다. 중학교까지의 거리는 9km로 고개를 두 번이나 넘어야 했기에 어린 학생들이 걸어 다니기엔 꽤 먼 거리였다. 아침 일찍 학교에 가면 늦은 저녁이 되어야 집으로 온다. 오며 가며 놀다 보면 어느덧 집에 도착한다. 꽤 먼 거리를 왕복하니 피곤이 몰려오고 공부에 대한 욕심도 없으니 하루하루를 그렇게 보내기가 일쑤였다.

중학교 시절 방과 후 청소 당번을 한 적이 있다. 청소를 마치고 나니 함께 다니던 마을 친구들은 이미 귀가해 혼자 산길을 걸었다. 당시 학교를 오갈 때는 두 개의 고개를 넘어야 했다. 그것도 공동묘지가 있는 고개를. 다행히 첫 번째 고개는 날이 어두워지기 전에 지나갈 수 있었다. 두 번째 고개를 넘을 즈음엔 어느덧 어두워졌다. 무서움이 몰려왔지만 그 길을 지나지 않을 수 없었다. 온갖 두려움을 무릅쓰고 캄캄한 밤하늘의 별빛을 따라 30여 분을 걸었다. 한 발 한 발 내딛는 순간의 공포가 아직도 선하다.

중학교 졸업 후 함께 다니던 친구들은 다들 가정형편이 어려워 어린 나이에 산업전선에 뛰어들었지만, 나는 다행히 부모님을 잘 만나 진주로 유학할 수 있었다. 서부경남의 명문고인 진주고등학교에 응시했으나 불합격, 후기 고등학교인 대아고등학교에 입학했다. 지금 생각하니 고등학교 시절은 꽤 힘들었던 것 같다. 대놓고 하숙할 수도 없으니 먼 친척집을 오가거나 때로 자취하며 고교 시절을 보냈다. 다행히 이때부터 공부에 매력을 느껴 밤늦게 혼자 영어며 수학 공부에 열정을 쏟았다.

어느 정도 자신감이 붙으니 객기를 부리게 됐다. 국·영·수만 열심히 하고 그 외 암기과목은 3학년 올라가서 하면 된다는 혼자만의 객기를 부린 것이다. 국사며 생물이며 물리, 화학, 세계사 같은 과목들을 단번에 암기해 정복하기가 어렵다는 사실을 고3이 되어서야 알게 됐다. 자만이요 혼자만의 세계에 빠지는 위험한 일이었다. 돌이켜보니, 이때 인생을 살아가며 크고 작은 경험을 들려주고 지도해주는 멘토가 있었다면 얼마나 좋았을까 싶다.

고등학교 졸업 후 50년이 지난 지금, 그때를 회상해 보니 여러 추억이 떠오른다. 주말이면 집에 가기 위해 오전과 오후 하루 두 번 있는 시외버스를 타면 마을 앞 신작로에 내릴 수 있었다. 당시 버스요금은 240원이었다. 짜장면 한 그릇이 130원이었으니 240원이면 큰돈이다. 특별한 경우가 아니면 버스를 이용하기가 어렵다. 당시는 대부분의 거래를 쌀로 계산했기에 쌀을 싣고 가는 경우가 아니면 다른 교통수단을 이용하곤 했다. 대체 수단으로 진주역에서 기차를 타고 양보역에서 내려 약 12km를 걸으면 고향 집에 도착한다. 기차 요금은 버스요금의 4분의 1 수준인 60원이었다. 양보역에 내려 12km의 산길을 걷는 여정은 지루하기도 할 것이다. 걷기 시작과 함께 단어장을 들고 외우며 두세 시간을 걸으면 어느덧 집에 도착한다. 그래도 부모님이 계시는 집으로 가는 걸음은 마냥 즐거웠다. "모든 것이 다 나쁜 것은 아니다"라는 말처럼, 이런 기회로 체력도 단련됐고 덕분에 영어 실력 향상에도 꽤 도움이 됐다. 사실 나는 영어 문법과 단어 실력은 꽤 괜찮다고 생각한다. 그러나 이는 당시 시험을 봤을 때 기준이고, 회화는 깡통이다. 영어교육의 문제가 아닌가 싶다. 사실 영어공부는 지능으로 하는 것이 아니라 소통의 목적 즉 상대방의 말을 알아듣고 의사를 표현하는 것이 우선돼야 함에도, 문법 공부에만 치중했기 때문이라 본다. 영어의 본고장 미국에서는 노숙자도 영어로 말하는데 말이다. 어쨌든 당시 예비고사 시험에서 영어와 국어는 꽤 좋은 성적을 받고, 수학은 만점을 받기도 했다.

나는 중학생 때까지는 키가 작았다. 상중하로 치면 하위그룹이랄까. 그러나 부모님의 유전자를 물려받아 고등학생이 되면서 부쩍 키가 자랐다. 가을학기에 입으려 넣어뒀던 교복이 여름을 지나 가을이 되면 작아서 입기가 불편할 정도였다. 고2 때는 어느 정도 공부도 잘하고, 그중 필수과목이라 할 수 있는 국·영·수는 우수했으며 키도 컸다. 대체로 학창 시절엔 키가 작은 친구들이 앞자리에 앉고 키 큰 친구들은 뒷자리에 앉는다. 뒷자리에 앉으면 수업 시간에 자연스럽게 산만하기 마련인데, 흔히 말하는 건달 친구들과도 잘 지내게 된다.

고등학교 2학년 때다. 어느 날 같은 반 한 친구가 수학 문제 풀이를 이유로 쉬는 시간에 말을 건넸다. 이런저런 대화를 통해 서

로가 가까워지자 내게 학습 도우미 역할을 해 달란다. 사유인즉
이렇다. 아버지는 친구가 태어나기 전 6·25 전쟁 때 전사하셔서
어머니가 친구를 작은아버지에게 맡기고 떠났다. 훗날 이 사실을
알고 방황도 많이 했는데, 복싱선수를 꿈꾸며 오랫동안 도장에 다
니기도 했다. 그런데 이제는 공부에 전념해 해군사관학교에 진학
하려 하니, 함께 기거하며 공부할 수 있으면 좋겠다는 것이다. 누
가 이를 거절할 것인가? 하지만 숙소가 문제였다. 당시 고종사촌
누님이 진주세무서에 근무하고 있어, 상의 후 뜻대로 하라는 허락
을 받고 누님의 도움으로 방 두 칸을 월세 내 친구와 함께 기거하
게 됐다.

그러던 중 한 사건이 있었다. 당시엔 어느 학교든 힘으로 주름
잡으려는 세력이 있었다. 어느 날 부친의 후광을 입어 우리 학교
로 전학 온 키 크고 덩치 좋은 한 친구가 나와 함께 기거하며 공부
했던 친구와 싸움이 붙었다. 비록 키가 크고 덩치도 좋지만, 복싱
으로 단련한 내 친구에게는 적수가 되지 못했다.

그런데 이 사건을 계기로 두 사람이 시내 모처에서 혈투까지 벌
이게 됐다. 혈투로 깨끗한 승부를 가리는 게 아니라 상대방을 죽
여야 할 정도로 심각하게 상황이 돌아갔다. 나는 이를 감지하고
친구를 설득했다. "네가 져라, 지는 것이 이기는 것이다"라고. 그
냥 두면 심각한 후유증이 생길 게 뻔했다. 결국 친구는 "내가 졌
다. 네가 원하는 것이 무엇이든 허락한다"고 말했다. 그러자 상대

방은 돌로 친구 어깨를 힘차게 찍었다. 아마 미리 돌을 준비한 것 같았다. 이 일이 있고 난 뒤 집으로 돌아온 친구는 한없이 울며 다시 방황하게 됐다. 어느 날부터 복싱 도장에 다시 다니기 시작했는데, 내게 돈을 빌려 달란다. 다행히 부모님에게 받아온 수업료가 있어 이를 빌려주었으나 돌려받지 못해 이를 메우려고 잔뜩 혼이 났다. 당시 서울대와 부산대에 가려면 반드시 제2외국어 시험을 치러야 했는데, 일과 후 제2외국어 수업을 마치고 집으로 돌아오면 친구가 함께 진주성으로 바람을 쐬러 가자고 했다. "이슬비에 옷 젖는다"라는 말이 있다. 바람 쐬러 가서 맥주병에 넣어 파는 막걸리도 입에 대게 됐다. 이런 날들이 지속된다. 공부는 언제 할 것인가?

3학년이 되자 걱정이 앞선다. 헤어질 것을 다짐하고 있던 그때, 한 친구가 도움을 요청해 왔다. 예비고사 시험 때까지 자기 집에서 함께 공부하자며 하숙비는 공짜란다. 성향이 대체로 성실한 친구였고, 하숙비도 안 받는다니 흔쾌히 수락했다. 친구 부모님은 조그만 쌀가게 겸 과일 판매상을 하셨다. 밤 12시가 돼서야 가게 문을 닫고 우리가 머무는 방문을 열고, 팔다 남은 과일 등을 챙겨주시며 격려해 주셨다. 그러나 안타깝게도 제 자식은 꿈나라에 있고 공짜로 밥 먹이는 남의 자식은 혼자 공부한다고 열심이다. 얼마나 속이 상하셨을까 싶다. 본래 이 친구는 10시만 되면 책상에서 꾸벅꾸벅 졸았다. 아무리 노력해도 소용이 없었다. 늦은 시간

잠자리에 들며 깨워 주었으나 쉬운 일이 아니었다. 그때 우리나라의 경제 상황은 이제 막 근대화라는 기치로 '수출 100억 달러'를 목표 삼아 도약하려는 수준이어서, 농어촌의 삶은 참으로 어려웠다. 시골 중학교에서 최상위 수준으로 졸업했지만, 진주고등학교에 합격하는 학생은 한 학교에 1~2명이 전부라 부득이 우리 학교로 오게 된 경우가 대부분이었다. 나 역시 마찬가지였다. 그러다 보니 학교의 정책 방향은 우수한 학생을 위한 심도 있는 학습보다 예비고사 합격률을 높이는 게 최고의 목표가 되었으며, 우수한 대학으로 진학하기 위해서는 자신만의 학습을 해야만 했다. 안타깝게도 함께 기거한 친구는 예비고사 시험에 불합격했고, 나는 친구 집에 머물 수 없어 대학입시를 앞두고 난생처음으로 하숙이라는 호강을 누릴 수 있었다. 친구 부모님을 뵐 면목이 없었다.

─── 바다를 지키는 용사가 되다

대학 진학은 인생의 진로에 있어 매우 중요한 일이다. 비록 모든 학생이 전공을 따라 직업을 가진다고 할 수 없지만, 대부분이 전공과목과 유사한 분야에 종사하며 꿈을 펼친다. 돌아보건대 만약 이공계를 선택했다면 내 적성에 더 맞았을 것이다. 그러나 고교 시절 이과 과목을 이수하지 못했으니 부득이 문과를 택할 수밖에 없었다. 그리하여 내 성적에 맞춰 등록금이 싼 국립대인 부산대학교 법정대학에 입학해 사회복지와 행정학을 복수 전공하게 됐다. 대부분이 고시 합격의 꿈을 꾸며 도전했으며, 나 역시 마찬가지였다. 고시 공부를 한답시고 산사를 찾아 머물기도 했지만 절박함은 없었던 것 같다. 아쉽다. 훗날 깨달았지만, 어떤 시험이든 목표를 정하고 시간에 맞춰 온갖 노력을 해야만 합격의 영광을 누릴 수 있다. "거름을 지고 시장에 간다"는 말이 있다. '거름을 지고 논밭으로 가야 하지만, 다른 사람이 시장에 가니 자신도 따라간다'는 말이다. 공부는 조금만 하고 친구와 막걸리 마시는 시간이 더 많았으니 결과는 뻔한 법이다. 입대를 미루고 두 번의 시험에 낙방한 뒤, 졸업을 하고서야 국방의 의무를 위해 늦은 나이에 입대하게 됐다.

입영 통지서를 받고 입대를 고민하던 중 우연히 해군 단기하사 제1기 모집 소식을 접했다. 대학 3학년 이상인 자만 응시할 수 있어, 늦은 나이에 입대하는 만큼 거의 동년배 친구들과 훈련을 받을 수 있으리라 믿었다. 또 해군이 주는 신선한 매력과 6개월간 부사관학교에서 강한 훈련을 받아보고자 하는 마음에 입대를 결심했다. 훈련에 집중하다 보니 우수한 성적으로 부사관학교를 졸업할 수 있었다.

훈련생 시절 역량을 인정받아 대한민국의 기함 구축함을 타보는 영예를 얻었다. 기함을 타려면 모든 전투 능력에서 우수함을 보여야 한다. 가혹한 훈련이 있을 뿐이다. 함포사격 훈련을 하면 바로 내 앞의 5인치 주포에서 뿜어져 나오는 반동과 굉음이 엄청나서, 고막이 터질 것 같다. 힘들지만 동해, 서해, 남해를 마음껏 넘나들 수 있고 아직도 마음속으로 존경하는 조광현 함장님과 박인용 작전관 같은 훌륭한 리더를 만날 수 있는 행운이었다. 박인용 작전관은 훗날 합동참모본부 차장과 해군 대장을 거쳐 국민안전처 장관이 되셨다. 두 분 모두 훌륭한 군인이자 자상한 분이셨다. 전역하고 오랜 시간이 지났음에도 늘 그리운 분들이다.

내가 부구청장으로 재직할 때 국민안전처에 출장을 갈 기회가 있었다. 업무를 마치고 나오며 장관님을 뵈러 집무실로 갔는데, 비서실에서 즉석 만남은 어렵다는 통보를 받았다. 오래전 함께 근무한 부하로서 인사라도 드리고 간다고 하니, 보고해 보겠다고 한다. 그러자 장관님이 반가이 맞으며 마음 아파했다는 말씀과 함께 용기를 주셨다. 35년 전 함께했던 부하직원과의 일화들을 생생하게 기억하며 더 강하게 살아가기를 당부하셨다. 부하를 사랑하는 마음이 가득한 분이다. 모든 국민이 존경하는 이순신 장군의 후예로서 우리나라 해군의 수장이 되신 분으로, 그 인품이 아직도 그립다. 나도 닮아 가야지.

3부

곳간을 찾아
넘었던 고갯길

어찌할꼬?

별빛과의 동행

전국 최초 육교 엘리베이터 설치

미래를 위한 투자

뇌병변 장애인 복지관 건립

비빌 언덕

학대 피해와 입양가정 아동

자살 예방을 위한 심리 부검

장애인 전용 치과병원 건립

알코올에 의존하는 사람들

대한민국 복지대상 수상

어찌할꼬?

경상도 말로 '어찌할꼬'라는 말이 있다. "어떻게 할까"라는 뜻인데, 이렇게 표현하면 피부에 와 닿지 않는다. 큰 실망감 또는 억장이 무너져 내리는 사건이나 일이 닥쳤을 때 자주 사용한다. 교통사고나 가정사 또는 매사에 갑작스럽게 감당하기 어려운 일이 발생했을 때 "이 일을 어찌할꼬"라고 한탄하며 가슴 아픔을 표현한다.

대한민국 최우수함인 기함(旗艦)은 매년 졸업하는 사관생도를 태우고 세계를 돌며 국위를 선양하고 훈련하는 행사를 한다. 사관생도를 태우려니 부득이 전투 인력은 최소로 할 수밖에 없다. 그러니 단기하사인 나는 전출 1순위 대상이 될 수밖에 없었다. 전역이 1년도 남지 않았는데 갑작스럽게 서해5도를 지키는 고속정 전투 요원으로 발령 났다. 서해는 북한군이 서울로 진격할 수 있는 보이지 않는 루트다. 서해5도는 백령도, 대청도, 소청도, 대연평도, 소연평도의 5개 유인도를 묶은 곳을 말한다. 서해5도는 1953년 휴전 이후 북방한계선(NLL) 문제로 간헐적인 충돌이 있었으며, 주민들은 다른 지역에 비해 다소 불안한 안보 상황 속에 거주했다. 2010년 연평도 포격전으로 민간인 거주자가 대거 빠져나가고 긴장이 고조됐으며, 이후 세계의 화약고로 전 세계의 이목이 쏠리는 곳이기도 하다. 그 유명한 천안함 폭파사건이 있었던 곳이다. 서해5도를 지키는 우리 해군의 주력부대는 최일선의 전투함정으로 속도도 어마어마하며 최정예 전투 인력만 승선한다. 매일 저녁이면 적군의 침투를 대비해 야간 작전을 한다. 야간 사격훈련이며 수상한 물체의 검색 등 힘든 과업이다. 적응이 힘들었다.

그러던 어느 날 야간 작전 중 오른팔을 잃게 되는 생각지도 못했던 일이 내게 벌어졌다. 어찌할꼬? 나는 전형적인 오른손잡이다. 이제 왼손으로 글을 써야 하고 왼손으로 모든 것을 해야 한다. 장가는 갈 수 있을까? 취업을 할 수 있을까? 친구들과 어떻게 관계를 유지할까? 가난한 형편에도 당시 부산에 있는 명문 국립대를 다닐 수 있도록 뒷바라지해 준 부모님도 뵐 면목이 없다. 어찌할꼬?

군에서 전역한 후 할 수 있는 일이 마땅치 않아 시골에서 송아지 10마리를 사 1년을 길렀으나, 당시 솟값 파동으로 송아지 매입 비용에도 미치지 못하는 금액으로 처분하고 말았다. 한 손으로 소똥을 치우고 먹이를 조달하는 과정은 참으로 어려웠다. 이 과정에서 글씨 연습을 하느라 성경을 필사하고, 『사회복지 정책론(social welfare policy)』을 번역했다. 영어 공부도 하고 농부가 번역한 책이니 의미 있을 것 같았다.

결혼 후 가족과 주변의 권유로 부산으로 이사를 왔다. 보훈청을 통해 일자리를 찾았지만 내가 할 수 있는 일은 경비업무뿐이란다. 이 또한 현실로 받아들이기가 어려웠다. 그러던 중 아내가 공무원 시험을 한번 보면 어떠냐는 제의를 했다. 대학 졸업 후 5년여 동안 군 생활을 하고 전역 후 소를 기르느라 공부를 놓았기 때문에 이 일도 만만치 않았다. 시험 50여 일을 앞두고 7급에 응시하려니 급박했고, 9급을 치르려니 수학 공부를 다시 해야 했다.

'에라 모르겠다' 하고 당시 총무처(지금의 행정안전부)가 주관하는 7급 행정직 공무원 시험에 응시원서를 제출했다. 떨어져도 경쟁률이 250대 1로 치열하니 변명할 이유가 되기도 했다. 시험 50여 일을 남겨놓고 본격적인 공부를 했다. 옛날 고시 공부하며 익혔던 지식이 있었지만 절대적인 시간이 부족했다. 노력으로 승부하기로 하고, 거의 50일을 밤새워 공부했다.

필기시험에 합격하고 채용 신체검사를 받기 위해 이제 막 문을 연 부산보훈병원으로 갔다. 검사 전 신체검사를 총괄하는 의사를 만나 합격 여부를 문의하니 불합격이란다. 이유인즉 오른팔이 없기 때문이라고. 공부하면서 사전에 총무처에 질의했을 때 양손에 악력이 있어야 한다는 회신을 받은 바가 있어, 그 구체적인 기준을 확인하고 싶었다. 실망감을 안고 원무과로 가 원무과장께 자초지종을 이야기하고 심한 분노를 느끼며 그 길로 부산의료원으로 갔다. 의료원 원장실로 찾아가 면담을 요청했다. 한 시간여를 기다린 후 채용 신체검사 합격 여부를 문의했다. 원장은 아무 말도 없이 메모지를 주며 주소와 이름을 쓰란다. 필기 능력을 알고자 한 것 같았다. 주소와 이름을 쓴 메모지를 보곤 합격 가능하다며 건강관리과장에게 전화했다. 신체검사를 하고 집으로 오니 전셋집 주인 아주머니에게서 전보가 왔는데, 내일 전화국으로 오라고 한다. 내용인즉 부산보훈병원 원무과장께서 백방으로 알아보고 합격 가능하니 빨리 보훈병원으로 오라는 전보였다. 당시는 전화가 드물어 급한 연락은 전보를 치거나 주인집 전화를 이용하기도 했다.

나는 여기서 중요한 교훈을 얻었다. 먼저, 보훈병원 의사의 경우처럼 명확한 규정도 이해하지 못하고 사회적 통념과 주관적인 편견만으로 정책을 결정하는 공무원이 되지 않겠다. 그리고 보훈병원 원무과장처럼 진심으로 문제를 해결하는 공무원이 되겠다. 또 시립의료원 원장의 경우처럼 근무시간 중 친구를 만나면서, 한 시간 이상을 투자하며 절박한 욕구를 가진 고객에게는 그렇지 못하는 공직자가 되지 않겠다는 것이었다. 당시에는 통신 사정도 좋지 못해 부랴부랴 채용 신체 검사서를 들고 서울까지 올라가는 불편도 감수해야 했다.

그 후 면접시험 때의 일이다. 면접을 본 앞 사람들은 모두 보통 20~30분이 소요됐다. 내 차례가 와 면접관에게 가니, '복지국가 건설'을 한자로 써 보란다. 그것쯤이야 쉬운 일이었다. 그러더니 '됐다'고 가란다. 15명 선발 예정에 18명을 필기시험에서 선발했으니 3명은 면접에서 떨어져야 했다. 채 1분도 되지 않아 면접을 마치니 불길했다. 최종합격자 발표일까지 불안해했던 기억이 있다.

부산에 내려와 발령을 기다리는 동안 일을 해야 먹고 살 수 있었다. 아내를 볼 체면이 말이 아니었다. 이 고충을 듣고 고등학교와 대학을 함께 다닌 친구가 일자리를 알선해줬다. 그는 당시 기업은행에서 근무하고 있었으며, 나의 아픔을 이해하고 상사에게 건의해 부도 당한 회사의 물품을 관리하는 경비 일을 하도록 해줬다. 일당은 5천 원이었다. 난생처음 경비 업무를 해볼 기회를 얻은 셈이다. 생계에 큰 도움이 됐으며, 새로운 경험을 할 수 있도록 배려해 준 친구가 고마웠다. 아내의 친구가 '신랑은 지금 어떤 일을 하는지' 물었을 땐 아내는 그저 얼버무릴 뿐이었다.

시험 합격 한참 후 총무처에서 내무부(현 행정안전부)로 발령됐다는 통보를 받았고, 내무부에서는 부산광역시로 발령토록 했다는 통보를 받았다. 그 후 부산시에서는 감감무소식이었다. 담당자에게 문의하니 채용 신체검사를 다시 해오란다. '이유가 뭐냐' 등 수

많은 항의를 한 후 1년여 만에 부산 중구청으로 수습공무원 발령을 받았다. 이후 6개월의 수습 생활을 거쳐 부산 동래구 장전1동으로 발령을 받았다.

'안 보는 게 약'이란 말이 있다. 동장실을 지나면서 동장과 구청 인사담당자 간 통화 소리를 듣게 되었다. '왜 팔이 없는 사람을 보냈냐'고 항의하는 전화였다. 비애를 느꼈다. 분노가 치밀었다. 하지만 비애가 항상 나를 단단하게 하고, 주민에게 더 다가갈 것을 다짐하는 기회가 됐다는 점에서 감사를 표한다. 이러한 일련의 과정을 거치며 바른 정치와 행정이 얼마나 중요한지를 체감했으며, 세상이 변하길 절규하게 됐다. 국가를 위해 헌신하다 장애를 입었으니 국가가 보살피고 공적을 선양해야 함은 당연한데도 당시 상황은 그렇지 못했다.

1987년 12월인가 싶다. 대통령 후보로 노태우와 김영삼, 김대중 전 대통령이 나섰을 때의 일이다. 선거 사무 간사 업무를 수행하고 있을 때 수영만에서 김영삼 후보의 선거유세가 있었다. 문정수 전 부산시장이 사회를 맡게 됐다. 토요일 오후라 통장 몇 사람과 함께 오토바이에 얹혀 수영만 유세장에 갔다. 그런데 유세장에 갔다 온 다음 월요일 동래구 연산8동으로 발령이 났다. 발령자는 나 혼자였다. 참으로 서러웠다.

동래구 연산8동에서 근무한 지 2개월 만에 또다시 부산광역시

에서 설치·운영하는 사업소인 근로청소년복지회관으로 발령이
났다. 당시 부산대학교 행정대학원에 다닐 즈음 부산시에서 과장
으로 계시던 분이 나를 유심히 지켜보며 능력과 열정을 인정하고
연민의 정을 느껴 부산시 인사 부서에 천거하신 것 같았다. 인사
부서 실무자도 연민의 정과 내가 겪는 아픔을 이해하고 능력을 인
정해 발령을 냈다고 한다. 고마운 일이다. 복지회관 근무 당시에
는 오기와 열정으로 개관 후 10년간 그대로 두었던 환경과 시설
물을 모두 교체하기도 했다.

근로청소년복지회관은 공단에 근무하는 근로 청소년을 위한 정
신교육을 담당하는 기관이었다. 교육생 대부분은 공단에 근무하
며 야간에 학교를 다니는 산업 전사인 여성들이었다. 시대적 환경
이 그러했기에, 교육 내용은 주로 국가관을 확립하고 땅굴 등을
견학하며 국가안보관을 심어주는 것이었다.

새 임지의 서무계장께서 급하니 빨리 부임하라 해서, 가서 관장
님을 예방했는데 또 찬밥이다. '우리는 근로 청소년을 위한 교육
기관인데 팔이 없는 사람이 왔다'고 난리다. 서무계장께서 관장이
교육부서 배치를 반대하면 8급이 보는 서무를 내게 맡기겠다고
해 또 설움을 당했다.

함께 근무하던 서무계장 왈, "자네가 부산광역시에서 실시하는
소양 고사에 3위 안에 들면 천거해 부산시청 기획부서에서 근무
시키도록 노력하겠다"고 약속했다. 당시 시험 3위 안에 들면 부산

시청에 우선 전입하는 혜택이 주어졌다. 어떻게든 1등을 했지만, 부산시 인사 부서에서 팔이 없으니 기획부서는 갈 수 없다고 했다. 인사과장께서 "자네 글을 쓸 수 있는가" 하고 물은 적도 있다. 그래서 주관식 4과목, 객관식 3과목으로 시험을 치렀으며 글을 읽고 점수를 매겼으니 당연히 글을 쓸 수 있다고 항변했다.

———— 별빛과의 동행

　　　　우여곡절 끝에 부산광역시 투자심사담당관실에서 행정고시에 합격한 대학 선배 과장, 역시 행시 출신인 대학 동기인 계장(현재 기준 팀장)과 함께 근무하게 됐다. 당시 투자심사담당관실은 부산광역시가 IBRD로부터 5천만 불 차관을 도입하면서 중장기적인 도시발전지표를 설정하고, 투자의 우선순위를 정하며 채무의 적정 관리와 재정계획을 수립하라는 권고 하에 설치한 부서다.

　부임해 보니 동기인 계장이 직접 시스템의 얼개를 구축해 놓아 생소한 업무임에도 마음껏 일할 수 있어 행복했다. 일하는 동안 부산시가 경상남도에서 분리돼 부산직할시로 승격된 후 1989년도까지의 예산 및 결산서 그리고 조직의 변천 등을 전산자료로 입력하고, 흐름을 분석해 미래를 예측할 수 있도록 했다. 당시에는 컴퓨터가 일반화되지 않아 극소수의 부서에서, 그것도 아주 성능이 낮은 XT급 컴퓨터를 사용해야 했지만 그 위력은 대

단했다. 이러한 기초자료를 통해 미래의 재정 상황을 쉽게 예측할 수 있었다,

  한편, 당시에는 대한민국 도시 행정의 최고 전문가였던 안상영 시장께서 부산 발전을 위한 메가 프로젝트를 입안했다. 그리고 지금은 완성된 외곽순환도로 건설, 해운대 신도시 건설, 동서고가도로 건설, 화명 신도시 건설, 수정산 터널 건설, 군부대 이전을 통한 신청사 건립 등 대규모 프로젝트를 추진함에 있어 재원 조달이 주요 과제로 등장하게 됐다. 사업 대부분이 민자에 의한 선수금 조달방식으로 진행됐으나, 그래도 부산시의 재정 부담과는 분리해서 다룰 수 없었다.

  지루하게 괴롭히던 오른팔 장애라는 딱지가 이 부서를 거치며 해방되었다. 이 부서에서 5년 동안 근무하면서 많은 역량을 쌓을 수 있었다. 초대 과장이신 안준태 과장님, 그 후임인 백운현 과장님으로부터 넓은 시각으로 부산시의 현안을 진단하고 대처전략을 구상할 수 있는 방법론을 터득할 수 있었다. 또 지금은 고인이 되신, 불도저같이 일하던 권영 과장님을 만날 수 있었다. 그리고 직속상관이자 동기인 고마운 김형양 계장님, 묵묵히 밤새워 일하며 든든한 힘이 되어 준 멍텅구리 친구들, 시정업무의 현안을 도맡고 기획, 실행을 독촉하신 김영오 국장님과의 만남은 넓은 시각으로 현상을 바라볼 수 있는 안목을 길러주었다. 그 후 장애의 굴레에서 해방돼 법무담당관실, 사회복지과, 시민봉사과, 장애인복

지과, 건강증진과, 혁신평가담당관실, 서구 부구청장 등 여러 부서를 옮겨 다니며 다양한 경험을 할 수 있었다.

돌이켜보면 그동안 쉼 없이 고민하며 열정으로 일할 수 있었던 힘의 원천은 시련을 극복하려는 끝없는 자신과의 싸움을 잘 견뎌냈기 때문이라 생각한다. 아마 학창 시절 고시 공부를 할 때 이런 각오와 도전이 있었다면 이미 벌써 합격했을 것이다.

사무관 승진시험을 준비하던 때의 일이다. 모든 응시생은 다소 업무가 느슨한 사업소의 6급 팀장으로 근무하면서 4~5년간 학원을 오가며 시험을 준비하고 있었다. 하지만 나는 시 본청 주무국 주무 부서에서 일에 푹 빠져 엄두도 낼 수 없는 상황에서 3배수가 응시하는 시험에 턱걸이로 응시 기회를 가질 수 있었다. 그것도 거의 끄트머리로 겨우 응시 기회를 얻은 것이다. 시험도 40여 일 남겨둔 짧은 기간이었다. 모든 이들이 '너는 고시 공부도 해봤고 7급 공채시험에 합격했으니 당연히 합격할 것'이라고 했지만, 실상은 그렇지 못했다. 오랫동안 책을 놓았고, 많은 새로운 이론이 등장해 과거의 지식은 무용할 뿐이었다. 이때 투자심사담당관실에서 함께 근무하다 승진해 과장으로 재직 중이었던 늘 존경하는 김형양 친구가 조언을 건넸다. 호랑이가 토끼를 잡을 때도 최선을 다하니 방심하지 말라고 당부한 것이다. 그렇지 않으면 호랑이의 가랑이 사이로 토끼가 도망친다고. 이 말이 아직도 귀에 쟁쟁히 울린다. 최선을 다해야 할 뿐이었고, 또 그렇게 해서 여유롭게 합격하는 기쁨도 누렸다. 절실함으로, 진정으로 고민하며, 냉정하게 자신을 되돌아보며, 순간의 욕구를 절제하며, 효율적으로 시간을 사용하고, 자신을 제어할 수 있어야 한다는 사실을 체험하게 되었다. 팔을 잃은 아픔을 통해 더 진하게 삶을 살 수 있었다고 할까.

사실상 한 손으로도 컴퓨터 키보드를 잘 두드릴 수 있다. 시골에서 예초기를 짊어지고 풀베기 작업도 그 누구보다 잘할 수 있다. 운전도 잘하고, 경운기도 잘 운전할 수 있다. 하지만 장애로 인해 냉대받은 시기를 거치면서 현실에 대한 불만도 그만큼 커진 것 같다. 옳지 않은 일에 순종하지 못하는 성격으로 변하고 분노도 쌓여간 것 같다. 이러한 일련의 과정을 거치며 4급에서 3급으로 승진 시기도 늦어졌다. 하지만 추호도 후회하지 않았다.

─────── 전국 최초 육교 엘리베이터 설치

2002년 부산시는 중요한 국제경기대회를 개최하게 된다. 아시안게임과 2002년 한일월드컵 첫 경기, 그리고 극동·아시아 장애인 경기 대회를 순차적으로 개최하게 됐다. 장애인 경기대회는 아시안게임에 이어 아시아 태평양 장애인 경기대회를 의무적으로 개최토록 아시아올림픽평의회(Olympic Council of Asia)와 극동·남태평양 장애인스포츠 평의회(Far Eastern and South Pacific Games for the Disabled)가 협약을 체결함에 따라 아시아권에서는 처음으로 우리 부산에서 개최하게 됐다. 이 협약에 따라 부산시에서는 대회 지원부서를 설치함과 아울러 정부 단위로 대회 지원법을 제정하고 조직위원회를 구성해 운영하게 됐다.

국제대회를 치르면 대회 운영 업무를 총괄하는 조직위원회와 대회를 원활하게 치를 수 있도록 인프라를 구축하는 지원조직이 필수적으로 갖춰져야 한다. 장애인 국제대회 개최를 위한 경기장은 물론 교통, 숙박, 지원시설, 편의시설 등 모두 국제기준에 맞게 갖춰져야 하기에 인프라를 구축하는 과제는 쉽지 않은 일이다. 구축에 많은 재원이 소요될 뿐 아니라, 재원 투입에 대한 내외부적 공감대도 형성돼야 한다. 하지만 당시 환경은 그렇지 못했다.

　장애인복지팀장으로 근무하면서 대회 지원부서를 설치해 달라고 부산시의 조직부서에 요청하니 행정자치부의 별도 정원 승인이 있어야 해 건의를 해두었다는 답변이 왔다. 그런데 한 달 두 달이 지나도 무소식이다. 무식하게 행정자치부 담당 과장에게 전화했다. 다행히 담당과장은 부산시 법무담당관실에서 근무하는 동안 모셨던 상사이자 인격이 훌륭한 분으로, 챙겨보고 빨리 답을 주도록 하겠다고 한 후 곧바로 별도의 정원 승인을 해주셨다. 고마운 분이다. 그렇지 않았으면 출장을 가서 당위성을 설명하는 등 번거로운 절차를 감수해야 하고, 시간이 늦어짐에 따라 준비할 시간도 부족했을 것이다. 나는 장애의 아픔을 몸소 겪었으니 이 과업에 참여하기로 하고 부산시에서 대회를 지원하는 기획팀장에 자원했다. 조직위원회로 갔으면 수당도 더 받을 수 있었으나, 이 과제에 뛰어들어 저항을 극복하며 인프라를 만들어 가는 일을 평생의 보람으로 여길 수 있을 것 같았다.

　아시아드 주경기장에 엘리베이터를 설치하고 휠체어 동선을 확보하는 일, 이름도 생소한 론볼링 경기장, 보치아 경기장, 시각장애인용 축구장을 새로 구축하거나 확보하는 일은 쉽지 않은 일이었다. 장애인의 편리한 이동을 위해 육교에 엘리베이터를 설치한다는 것은 상상조차 하기 힘든 일이었다. 고장이 나면 어떻게 할 것인가, 누가 관리할 것인가, 정전이 되면 어떻게 할 것인가 등 수많은 반대와 우려를 극복하고 우리나라 최초로 육교에 엘리베이터를 설치할 수 있었다. 이 사례가 계기가 돼 전국 곳곳의 지하철 역사에 노약자를 위한 엘리베이터를 설치할 수 있었다. 이 일에 자원해 함께 힘써주신 동료 박문재 기술사에게 감사를 드린다. 한편 이 대회를 계기로 전국적으로 저상버스가 도입됐으며 장애인 특별교통수단도 도입됐다. 대회를 통해 장애인을 바라보는 인식이 획기적으로 개선됐으며 무장애 인프라가 곳곳에서 구축되는 계기도 마련했다.

아시아태평양 장애인 경기대회는 아시안게임을 치른 경기장과 부대시설을 주로 사용한다. 그런데 어느 날 테니스장이 문제란다. 아시안게임 조직위원회에서는 경기장을 흙으로 된 코트로 조성할 계획이었다. 문제는 휠체어 장애인 테니스대회는 흙으로 된 코트가 적합하지 않고 우레탄으로 포장된 하드 코트로 조성해야 한다. 두 조직위원회의 주머니와 의사결정 구조가 달라 쉽게 변경하기도 어렵다. 경기장 건설 마무리 단계에서 조직위원회가 문제를 제기하고 부산시에 지원을 요청했다. 결국 하드 코트로 변경했지만, 그 과정은 쉽지 않았다.

아시안게임을 위한 선수촌 확보도 그랬다. 선수촌은 건립 당시

아시안게임을 치른 후 곧바로 사업시행자인 LH에 인계하고 LH 는 도배 등 수선을 거쳐 분양받은 입주예정자에게 돌려줘야 하기 에 시간이 촉박했다. 건립 당시 장애인 경기대회는 고려 대상도 아니었다. 사업시행자인 LH는 아시안게임 종료 후 인수 및 도배 등 점검을 거쳐 분양을 받은 세대에 넘겨줘야 하는 빠듯한 일정 으로 인해 장애인대회용 선수촌으로 사용이 어렵다고 난색을 표 했다. 어찌할꼬? 결국 당시 집행위원장이신 행정부시장의 지혜와 강권으로 무사히 선수촌을 확보할 수 있었다. 소총 만 발보다 대 포 한 방의 위력이 셈을 느꼈다. 이러한 일련의 일들은 끈질기게 설득하고 협조를 요청해야만 가능한 일이었다. 행정이나 세상사 모두가 마찬가지로 목표를 위해 쉼 없이 애써야만 바라는 결과를 얻을 수 있다는 사실을 확인할 수 있었다. 큰 보람이었다.

대회를 마치면 대회 결과를 고려해 상징적 인프라를 구축하는 것이 관례다. 부산 국제장애인 경기대회도 마찬가지다. 당시 시장 께서는 해운대 신도시를 조성하고 비워둔 3,000여 평의 노른자 위 부지에 장애인스포츠 센터를 건축하겠다고 발표하셨다. 문제 는 건축에 따른 재원 확보다. 대회 주무 부처인 보건복지부 장관 께서 국비를 지원해 주겠다고 구두 약속을 해주셨다. 그러나 대회 종료 후 장관께서 물러나게 됐고, 보건복지부는 국비 지원에 난 색을 표했다. 장관이 바뀐 상황에서 스포츠센터 건립비는 부산시 가 부담해야 한다는 것이었다. 설상가상으로 스포츠센터가 들어설 부지의 인근 주민들도 거세게 반대했다. 정부도 설득해야 하고 주민도 설득해야 한다. 우군도 없지만, 담당 사무관으로서 오기가 생겼다.

먼저, 주민 설득이 우선이다. 주민과 직접 대화하겠다고 나섰다. 인근 아파트 주민 대표인 통장과 구의원, 그리고 해운대구 장애인협회장과 한 곳에서 대화하게 됐다. 개략적인 조감도를 그려 강동석 주무관과 함께 현장을 갔다. 반대하던 주민들도 자기가 사는 곳의 장애인협회장이 함께 있는 자리에서는 대놓고 반대할 수 없다. 돌아가면서 반대하는 이유를 말하도록 했다. 처음 발언에 나선 통장께서, "이번 대회 광경을 보니 참 가엽다. 개인적인 입장에서는 반대하지 않는다"고 한다. 두 번째, 세 번째 발언자 모두 같은 의견을 표명했다. 설명회를 마치며 감사를 표하고 이 사실을 지역 언론사에 알렸다. 제목을 '수준 높은 해운대 주민'이라 하고, 주민의 자긍심을 심어달라 했다. 이튿날 신문의 1면 기사로 대서 특필됐고, 이로써 반대 여론은 잠재워졌다. 신중한 결정도 좋지만, 경우에 따라 신속함이 더 중요할 수 있다.

다음은 보건복지부를 설득하는 일이다. 담당 과장님과 국장님을 찾아가 면담했으나 국비를 지원할 명분이 없다며 난색을 표명했다. 할 수 없이 담당 과장과 국장께서 그해 천안에서 개최하는 장애인체전 준비 상황을 점검하는 현장을 급습했다. 보고회를 하는 동안 두 시간 정도를 기다리다 회의장을 나오는 현장에서 설명자료를 드리니 짜증을 내신다. 물러서지 않고 대회 개최 날 함께 근무하는 석희윤 과장님을 모시고 그들이 머무는 숙소를 급습했다.

사정인즉 보건복지부는 기획예산처가 제시한 총액 예산의 범위 내에서 예산을 요구했으며, 자체 심의 결과에서도 이를 지원할 수 없게 돼 달리 방법이 없었다고 한다. 그러면 기획예산처로 갈 수밖에 없다. 과장님과 함께 담당 사무관을 만나러 가니 국회에 가고 없었다. 늦게까지 기다리다 겨우 만날 수 있었다. 5분 만에 자초지종을 설명하고 밤늦게 부산행 고속버스를 타고 내려왔다. 다행히 7급 공무원 동기가 바로 옆자리에서 문화·예술 담당 사무관으로 근무하고 있어 사정을 설명해 달라고 당부했다. 지성이면 감천이란 말이 있다. 우여곡절을 거쳐 이듬해 국비 일부를 확보할 수 있었으며, 지금 잘 운영되고 있는 한마음스포츠센터의 탄생 기초가 되었다.

이러한 공과를 인정받아 2002년도에 정부로부터 '녹조근정훈장'과 '올해의 장애인상'을 받은 바가 있다. 올해의 장애인상(2009년 이전 '올해의 장애 극복상')은 1996년 9월 15일 우리나라가 제1회 루즈벨트 국제장애인상 수상을 계기로 장애인 복지 및 사회 발전에 기여한 장애인을 발굴, 시상함으로써 많은 장애인에게 희망과 용기를 심어주고 장애인에 대한 국민 이해를 높이고자 제정한 것이다. 큰 상을 받으니 어깨가 더 무거웠다.

——— 미래를 위한 투자

공무원 시험에 합격한 1984년도에 미루어 뒀던 공부
를 하고자 부산대학교 행정대학원에 입학해 새로운 공부를 할 수
있는 기회를 얻었다. 국가직 7급 공무원 시험에 합격했지만 연유
도 모르게 동래구 장전1동이라는 최일선의 지방행정 부서로 발령
돼 서운함을 느꼈다. 장전1동은 부산대학교 후문에 소재한 동사
무소로, 일과를 마치고 학교 수업을 받으러 가기에는 안성맞춤이
었다. 오히려 공부하기에는 좋은 환경이었다. 감사할 일이다.

행정대학원 졸업 후 한참이 지나 사회복지부서에 근무하게 되
면서, 사회복지 업무에 대한 이론적 지식을 튼튼히 하고자 2001년
부산대학교 대학원 사회복지학과 박사과정에 입학하게 됐다. 과
정을 마치는 동안은 참으로 힘들었다. 사회복지학은 서구 선진국
의 학문이라 매주 100여 페이지의 원서를 번역해 발표하는 것은
쉬운 일이 아니다. 수면시간을 단축하는 방법 외에는 달리 대안이
없었다.

박사과정 공부에는 절대적 시간이 부족했다. 과정 수료 후 학위 논문 작성을 미루고 있었다. 그때는 그만한 사정이 있었다. 장애인 경기대회를 마치고 장애인복지팀장으로 다시 보직을 받게 됐다. 장애인복지팀장을 하다 연장선상에서 장애인 경기대회 기획팀장으로 보직을 담당하게 됐으니 이젠 다른 일을 하고 싶었다. 사실 당시만 해도 장애인 복지부서 근무를 누구나 기피했다. 당시의 장애인 복지는 걸음마 수준이었으며, 장애인 복지부서는 장애인들의 불만 표출 창구가 됐다. 당연히 장애인인 본인이 그 업무를 수행하면 불만의 수준이 낮아지리라 생각했을 것이다.

　서러움을 뒤로하고 또 한 해를 장애인복지팀장으로 근무하다 노인복지팀장으로 자리를 옮겼다. 노인복지팀장으로 근무하던 중 현장 방문을 갔다가 노인복지관 한 곳에 전화기 한 대가 덩그러니 놓여 있는 것을 발견했다. 학대를 당한 어르신들이 도움을 요청하는 응급 전화란다. 그런데 전화는 설치해 놓고 실제로 도움을 줄 수 있는 장치는 전혀 마련돼 있지 않았다. 노인 학대가 늘어나 사회적 이슈가 됨에 따라 정부는 정식으로 시도별 노인학대예방센터를 설치하게 됐다. 노인학대예방센터를 신규 설치하는 과정에서 특정 종교단체로부터 많은 압박을 받았으며, 걸림돌인 나도 시민봉사과 민원관리팀장으로 쫓겨나는 아픔을 겪기도 했다.
　전화위복이라 했던가? 야근 업무가 거의 없는 민원실 근무를 하게 되자 일과 후에 밤새워 학위논문을 완성할 수 있어 기쁠 따름이었다. 물론 이 과정은 힘들고 몇 번이고 중도에 포기하고 싶었으나, 존경하는 대학자요 선배이신 고(故) 류기형 교수님과 신복기 대학원장님의 격려와 지지가 큰 힘이 됐다. 박사 학위를 통한 이론적 틀과 노인, 장애인, 아동, 복지기획 등 다양한 분야의 오랜 실무 경험을 바탕으로 일과 후에는 대학의 겸임교수로 후학을 가르치며 소통할 수 있는 행운을 누리기도 했다. 보람 있는 일이다.

전화위복이라 하지만, 공정한 행정을 저해하는 단체, 그리고 이에 굴복해 인사권을 휘두르는 상사는 참 나쁜 사람이다. 이를 계기로 공직생활 내내 불만이 팽배했으며, 인사에도 불이익을 당하며 쓰린 마음을 달래야 했다. 하지만 시민봉사과는 야근하는 일이 거의 없어 퇴근 시간 이후면 온전히 학위논문에 집중할 수 있었다. 6개월 이상을 새벽 3~4시까지 학위논문을 쓰느라 정말로 힘들었으나, 그 성취감은 이루 말할 수 없었다.

'지금까지 지내온 것이 자신의 의지대로 지나온 것 같지만, 하나님의 예비하심이었다'는 성경 말씀이 실감이 난다. 욥은 자신의 전 재산을 잃고 발바닥에서부터 정수리까지 종기가 나 큰 고통을 당한다. 자신의 무죄성을 고집하다, 한계성과 죄성을 깨닫고 참회하게 된다. 그의 참회를 통해 지난날보다 더 큰 복을 허락한 욥의 생애 이야기가 뇌리를 스친다. 또 다른 인물인 요셉은 형제들의 시기를 받아 팔려 갔다가 꿈 해몽을 계기로 왕의 신임을 얻어 마침내 총리대신이 된다. 그는 이집트 주변의 흉년과 기근을 예지하고 대책을 미리 세워 해결했다. 그는 기근에 시달린 팔레스타인에 살던 아버지 야곱과 형제들을 맞아 태평성대를 누린 것을 기억하며, 시련이라 생각하고 스스로 위로하며 지내왔다.

하지만 나도 사람인지라 분노가 없을 수 있겠는가. 공직을 포기하고 싶은 욕구도 많았다. 온 가족이 나만 바라보고 있는데 어떻게 하랴. 주저앉기는 싫다. 이때 시작한 습관이 책 읽기다. 책을 읽으면 분노가 사라질까? 경험상으로는 그렇지 않은 것 같다. 다만, 다음 줄거리가 궁금해지니 밤늦은 줄도 모르고 책을 읽게 된다. 다 읽고 나면 마음이 뿌듯하다. 이를 기회로 그동안 읽어보지 못했던 수많은 고전을 독파할 수 있었다.

당시에 접한 루소가 쓴 『에밀』은 아직도 내게 잔잔한 감동을 준다. 이러한 습관을 통해 분노를 수양으로 승화시키려 노력했다. 이로 인해 따뜻한 사랑, 동료 직원들에 대한 배려를 한층 더 배우게 됐으며 포용력도 기르게 됐다. 부산시청 장애인복지과장으로 근무할 당시 직원노동조합이 투표로 선정한 함께 근무하고 싶은 상사, 즉 '베스트 간부 공무원'으로 선정됐다는 통보를 받은 적 있다. 2002년 부산 아시아태평양 장애인 경기대회를 마치고 정부로부터 훈장을 받은 적이 있으나, 그보다 더 흐뭇하고 기분 좋았다. 이러한 기쁨은 그 후 공직생활을 함에 있어 함께 일하는 동료들을 배려하며 설득하고 함께 문제를 풀 수 있도록 습관화하는 데에 큰 힘의 원천이 되었다.

뇌병변 장애인 복지관 건립

학문에 대한 이론적 틀이 형성되고 현장의 다양한 경험들이 쌓여 문제가 보이고 해결의 필요성과 대안이 제시된다면 얼마나 좋으랴. 대안을 마련하기 위해서는 그 법적 근거가 필요하고 당연히 예산이 수반돼야 한다. 다행히 실무자일 때 재정을 깊숙이 들여보았고 법무담당관실에서 관련 법을 늘 일과 속에 품고 살았으니 문제 해결을 위한 대안을 찾기가 더 쉬웠다.

지금은 장애 유형이 15가지로 확대돼, 다양한 부분에서 손상을 입었거나 기능이 저하된 이들을 위한 경제적(고단위 보조기에 대한 지원, 예를 들면 고가의 비용이 소요되는 청각장애인을 위한 인공와우 수술 및 기기 보급 등) 지원 또는 프로그램이 개발되고 있지만 당시는 그렇지 못했다.

장애 유형의 변화를 살펴보면 이렇다. 1989년 우리나라 '장애인복지법'이 제정 시행된 후 장애인은 지체·청각 및 언어·시각·지적장애의 네가지 유형으로 한정됐다. 그러던 차에 2000년 들어 뇌병변 장애가 지체 장애에서 분리됐으며, 신장·심장·정신 장애가 추가로 확대됐다. 그리고 종전의 지적장애인은 자폐성 장애와 지적장애의 범주를 묶어 발달장애인으로 변화됐다. 그 후 2003년에는 안면·간·장루·요루·간질·호흡기 장애로 확대됐다.

　어느 날 뇌병변 장애인을 돌보는 한국뇌성마비협회 부산지부 사무국장께서 장애인복지팀장인 나에게 찾아와 이들의 재활 공간을 수선하기 위한 비용을 지원해 달란다. 강동석 주무관이 현장 확인을 하고 돌아와 낡고 협소할 뿐만 아니라 수선 시 안전이 우려된다고 보고했다. 당시만 해도 장애인 복지 수준이 매우 열악한 실정이라 생활이 어려운 장애인은 생계를 위해 육교나 지하철 입구에서 모금 활동을 많이 하는 시기였다. 휠체어에 의지한 채 아픔을 호소하는가 하면 시각장애인은 마이크로 노래하며 도움의 손길을 호소한다. 이처럼 시각장애인과 뇌병변 장애인은 장애 유형의 대표라 할 수 있다. 당시 '장애인복지법'의 개정으로 지체 장애에서 분리돼 뇌병변 장애인으로 등록 변경을 하는 과정에 있었으며, 변경 등록을 한 뇌병변 장애인은 44명에 불과했다.

　정책 결정에 있어 수요를 측정하는 것은 매우 중요한 고려 요소다. 물론 휴먼서비스 분야에서는 숫자로 판단하기보다 인간으로서의 존엄이 당연히 우선해야 할 것이다. 나사렛대학에 근무하던 이일세 교수가 하버드대학에 6개월가량 연수를 간 것이 계기가 돼 학교 측이 한국인 연수생 한 명을 위해 휠체어가 자유롭게 드나들 수 있도록 자동문으로 바꾸어 줬다는 일화를 본 적이 있다.

하지만 수요를 측정하거나 예측하는 것은 정책 결정의 필수 요소다. 도로를 신설하거나 교량 또는 터널을 뚫는 등 사회적 인프라를 구축하면서 수요 예측을 잘못해 재정을 파탄나게 했다는 등 많은 지적을 보고 듣기도 한다.

당시 부산에는 시각장애인복지관이 이미 운영되고 있었다. 뇌병변 장애는 뇌의 손상으로 인한 복합적인 외부 신체 기능의 장애를 뜻한다. 신체 기능 장애로 인지능력을 포함한 지적 능력은 아무런 제약이 없음에도, 장애로 인한 상·하지의 마비, 관절의 경직, 불수의적 운동, 균형감각 장애, 실조 증상 등 뇌병변 부위에 따라 다양한 증상이 나타나며 최근 등록장애인 숫자로 환산할 경우 10% 수준에 달한다. 즉 잠재적 수요가 풍부하며 전문복지관을 만들어 이들의 재활을 도울 필요성이 차고도 넘친다. 어떻게 할 것인가? 한국뇌성마비협회 부산지부장에게 부지를 확보하면 예산을 확보해 복지관을 지어주겠다고 약속했다.

어디에 지을까? 뇌병변 장애인복지관을 신축하려면 고려해야 할 요소가 많다. 대중교통 이용이 쉬워야 하며, 님비 현상도 심한 시절이라 지역주민이 적은 곳을 골라야 했다. 또 휠체어 이용이 가능하도록 평지에 지어야 한다. 주차 공간도 어느 정도 확보돼야 했다.

현재 뇌병변 장애인 복지관은 화명동에 소재한다. 이곳은 부산시가 신도시 개발지역으로 지정하고, 부산도시공사가 야심차게 부산 최초로 국민주택 규모 즉 전용면적 25평형 아파트를 건축 추진 중인 화명동 (구)쓰레기매립장 부지다. 평지고, 이제 막 아파트 건축공사를 시작하려는 시점이라 거주하는 지역주민도 없다. 부산지하철 2호선 역에서도 가깝다. 여러 가지 좋은 조건을 구비한 지역이다.

이 지역의 복지시설 용지를 뇌성마비협회가 매입하면 좋겠다고 권유했다. 권유에 따라 협회는 부산도시공사로부터 토지에 대한 매입 계약을 체결했다. 그 후 뇌성마비 협회에 토지를 매각한 부산도시공사는 소동이 벌어졌다. 종전까지 18평 이하의 소규모 서민 주택만을 공급하다, 전용 면적 25평형의 아파트 건축을 야심차게 추진하는 상황에서 뇌성마비 장애인복지관이 들어서면 분양에 차질을 초래한다는 것이다. 그 과정에서 수많은 우려와 협의를 거쳐 현재의 장소로 결정하게 됐다.

당시의 국가재정 운영 기조를 보면 뇌병변 장애인 복지관을 건축함에 있어서는 국비와 시비가 반반씩 투입돼야 한다. 과장님께 시장님 결재를 득해달라고 요청했다. 관례상 당시의 결재 과정을 보면, 부시장까지는 담당 사무관이 결재를 득하고 중요한 정책 결정은 과장이 시장 결재를 득했다. 고작 44명을 가지고 십수억 원이 투입되는 복지관을 건축한다니 과장께서는 도저히 자신이 없단다. '네가 저질렀으니 네가 결재를 받으라'고 한다. 용감하게 당시 시장이었던 안상영 시장께 결재를 득하러 갔다. 자초지종을 사실대로 말씀드리니 시장님은 흔쾌히 허락해 주셨다. 덧붙여, 하다가 힘이 들면 직접 도움을 요청하라신다. 고맙고 용기 있는 결정, 그리고 든든한 버팀목이 돼주신 시장님께 지금까지도 감사드린다. 이것이 오늘까지 잘 운영되고 있는 뇌병변 장애인 복지관의 역사다. 흐뭇하다.

─── 비빌 언덕

'비빌 언덕'이란 말이 있다. 사전적 의미는 '보살펴주고 이끌어주는 미더운 대상'이다. "소도 비빌 언덕이 있어야 한다"는 말이 있다. 언덕에 몸을 비벼 가려움을 해결한다는 말이다. 누구나 의지할 곳이 있어야 무슨 일이든 시작하거나 이룰 수가 있음을 비유적으로 이르는 말이다.

2007년인가 싶다. 부산시 복지기획팀장으로 근무할 때다. 아들 녀석이 학교에 가려 아침에 집을 나서면서 늘 하는 말, 만 원만 달란다. 교통비며, 밥 사먹어야 하고 커피도 마셔야 하니 당연지사다. 보육시설을 운영하는 원장님과 대화를 나눈 적이 있다. 보육시설은 여성정책국에서 관장하는 관계로 내가 소속한 복지건강국과는 관장하는 국(局)이 다르다. 그러나 편의상 나눠 두었을 뿐이다. 보육시설에서 만 18세가 되면 시설을 나와 망망대해에서 홀로서기를 해야 한다. 단, 대학을 진학하는 경우 졸업할 때까지 보육시설에서 생활할 수 있다. 대학의 경우 국민기초생활 수급자에게 학비를 면제해주고 있어 학비 부담은 덜 수 있으나, 식사며 부수적으로 들어가는 돈이 수없이 많다. 학비만 들어갈까? 교통비며 교재며 점심식사며 친구들과의 교제 비용은 어떻게 할까. 물론 아르바이트를 하거나 나름의 방법으로 충당할 순 있을 것이다.

이러한 문제의식에서 시작한 것이 미약하나마 이들에게 조그마한 비빌 언덕이 되어 주는 일이다. 생각하다 부산시청의 약 3천여 공직자, 나아가 부산시 산하 전체 공직자 1만 5천 명이 매달 급여에서 천 원 미만의 자투리 금액을 기부해 이들에게 용돈으로 지급할 방법을 고민했다. 예컨대 급여를 2,564,980원 받는 사람이면 980원을, 그리고 2,564,030원을 받는 사람이면 30원을 기부하게 하고 연말 정산 시 기부금 공제 혜택을 준다. 자원하는 사람이 있으면 금액을 자율적으로 정해 기부토록 했다.

이 사업에 매월 5천 원 또는 1만 원을 기부해주시는 분들도 있었으며, 연말이면 거의 1억 원 상당의 금액이 모금돼 아동에게 배분할 수 있었다. 선한 사업에 공무원 노조도 동참하게 됐다. 매월 모인 금액을 전자게시판을 통해 공지하고 고마운 뜻을 표하기 위해 퇴직 후 주택관리사로 근무하는 동료 강동석 사무관이 격문을 써 감사를 전했다. 이 사업에 동참해 격문의 호소문을 매월 작성해준 시인이자 동료인 강동석 사무관, 그리고 죽도록 고생하면서 전자화 시스템을 구축했던 이성순 사무관이 함께해 주어 고맙다.

이 기회에 보육시설 아동의 자립과 관련해 평소에 느낀 바를 지적해 보고자 한다. 그중 하나는 자립정착금이고, 하나는 자립을 위한 체계적인 교육과 지원시스템을 마련하는 일이다.

먼저 보육시설을 퇴소하는 아동의 자립정착금 지원이다. 이 사업의 성과를 보고 여성정책국에서는 이 돈을 보육시설에서 퇴소하는 아동의 자립정착금으로 지원할 수 있도록 요구했는데, 내가 떠난 후에 그렇게 하는 것으로 알고 있다. 시설을 퇴소하는 아동의 자립정착금이란 아동의 자립을 위해 일정 금액을 적립하면 그에 덧붙여 예산으로 지원해 퇴소 시 자립에 도움이 되도록 하는 제도다. 자립정착금 적립 실적이 정부의 국정과제 평가항목에 포함돼 있으니 거기에 사용하게 해 달라고 요청했으며, 모금을 주관하는 사회복지과에서도 그에 응한 것으로 알고 있다. 나는 단연코 아니라고 생각해 재임 중에는 반대했다. 자립정착지원금이 1천만 원이면 어떻고 1천5백만 원이면 어떻게 달라질 것인가. 자립정착금은 별도의 예산을 확대하거나 사회복지공동모금회 등을 통해 기획 모금을 하는 것이 바람직하다고 본다. 가장 금전적인 도움이 필요할 때 비빌 언덕이 되어 더 큰 능력을 길러주는 것이 중요하다고 생각했다.

둘째, 겨우 18세를 넘은 아이들이 어떻게 자립할 것인가? 누가 보육시설에서 생활하고 싶겠는가? 부산은 아동 보육시설과 관련해 특별한 구조를 나타내고 있다. 한국 최대의 보육시설인 송도

가정이 부산 서구에 있다. 송도 가정은 천주교유지재단에서 운영하는 아동복지시설로 수녀님들이 운영을 거의 전담한다. 한편 송도 가정은 자체 초등학교와 고등학교 과정을 운영하고 있다. 초등학교를 졸업한 아이들은 수녀회가 운영하는 경기도 지역의 중학교로 옮겨 간다. 그리고 거기에서 중학교 과정을 마치면 고등학교 과정이 있는 부산으로 오게 된다. 그 학교가 우리나라 축구 국가대표 명 골키퍼였던 김병지 선수가 다녔던 소년의 집이다. 이들이 고등학교를 졸업하면 대학에 진학하거나 곧바로 산업현장에 투입된다. 건강한 청년 세대가 배출된다는 점에서 부산시 입장에서도 큰 장점이라고 본다. 아이 하나 낳는 것이 급선무라고 하지만, 건강하게 자라서 다시 부산에서 고교 과정을 마치고 사회로 향하는 이들에게 비빌 언덕이 되어주는 정책을 개발하는 것도 중요하다고 본다.

정확한 기억인지 모르나, 미국의 록히드 마틴사는 노숙자에게 수백 수천 시간의 기술훈련을 통해 이들이 록히드 마틴사의 기술자로 일할 수 있도록 사회공헌사업을 펼치고 있다는 글을 본 적이 있다. 맞고 그름의 문제를 떠나, 부산시 차원에서 이들의 적성을 파악하고 적정한 교육과정을 이수토록 해 부산의 기업에서 꿈을 펼칠 수 있는 시책을 개발하면 얼마나 좋으랴. 비록 부산에는 유망한 기업이 없다고 하지만 그래도 삼성자동차, 한진중공업 등 유수의 제조기업과 조선호텔, 파라다이스호텔과 같은 세계적인 관광업소 등 마이스 산업의 토대가 있다. 시설 퇴소 전 이들 기업과 부산시, 그리고 부산 지역의 기능대학 등 공공 훈련기관이 협력해 맞춤형 교육을 통해 취업할 수 있도록 함과 아울러 LH, 부산도시공사 등과 협력해 주거지원책을 마련한다면 튼튼한 비빌 언덕이 되지 않을까 싶다.

무한경쟁 시대를 맞아 기술만이 통하는 시대, 그리고 인구 절벽으로 인한 저출산 시대를 맞아 청년들을 경쟁력을 갖춘 인력으로 양성함과 아울러 한 젊은이라도 부산에 머물도록 하면 얼마나 좋으랴.

학대 피해와 입양가정 아동

서기관으로 승진하면서 아동보호종합센터의 기관장을 맡게 됐다. 아동보호센터의 주요 업무는 학대 피해 아동을 발굴하고 아동의 상처를 치료해 원가정으로 복귀할 수 있도록 함과 아울러, 아동의 건전한 성장을 위한 여러 가지 사업을 수행한다. 또 하나는 입양 관련 사업이었다. 종전에는 직접 입양사업을 수행했으나 이제는 직접 입양업무를 수행하지 않고 있다. 그렇다면 센터가 국내의 건강한 가정에서 아이가 사랑을 받으며 자랄 수 있도록 소통하고 정책 결정기관인 부산시와 가정의 아이들을 연결하는 플랫폼이 되어야 할 것이나, 입양사업의 중단과 함께 유명무실한 채 방치되고 있었다.

기관의 소명 중 하나는 아동학대 문제에 대처하는 것이다. 아동학대 문제가 사회적 이슈가 됨에 따라 정부는 '아동학대 범죄의 처벌 등에 관한 특례법'을 제정해 엄격한 처벌을 하고 있다. 문제는 처벌만이 능사가 아니라는 것이다. 통계상 가장 많은 아동의 학대자는 부모다. 아이들을 방임 상태에 두거나 폭력을 행사한다는 것이다. 학대 피해 아동의 가정을 보면 부모가 이혼한 가정도 많다. 생각하기 싫지만 잦은 음주와 행패로 아내가 집을 나간 상태에서 아이들은 굶주림과 공포에 시달리고 있다는 점이다. 또 재혼한 가정에서 음으로 양으로 학대를 당하는 아이들이 수없이 많다는 점이다. 이러한 피해 아동이 자라 가해자가 되는 악순환을 되풀이한다.

　학대 신고를 받고 현장을 찾은 우리 센터 직원들은 법률에 따른 처벌 절차는 물론이고 당장 학대 현장에서 아이들을 구출하는 일을 수행한다. 피해 아동들은 유아에서 초등학생들이 대부분이다. 구출된 아이들을 어디서 보호할 것인가? 당시 아동보호종합센터에는 남녀를 구분해 2개의 쉼터를 운영하고 있었다. 아이들은 쉼터에 6개월 동안 머물면서 집중적인 보호와 치료를 받는다. 센터는 구출된 아동을 몰래 전학시키고, 쉼터에서 생활하며 상처를 치료받게 한다. 또 이들의 안전한 등하교를 비롯해 학교에서의 적응, 그리고 원가정의 보호자 치료를 전담한다.
　이 아이들의 상처를 치유하고 건강하게 성장토록 하기 위해서는 6개월 동안 전문치료사를 통한 집중적인 심리치료가 시행돼야 하고 원가정의 부모가 치료 등을 통해 이 아이를 다시 받아들일 수 있어야 한다. 그러기 위해서는 6개월 동안 안정적으로 숙식하며 생활할 수 있는 주거 공간이 마련돼야 하며, 전문치료사를 확보해야 한다. 당시 요일별로 자원봉사자와의 상담을 통해 진행한 치료로는 그 효과를 발휘할 수 없다. 당시는 작은 정부 차원에서 추진한 사회복지서비스 민영화의 일환으로, 쉼터를 민간에 위탁하면 전문치료사도 별도로 확보하지 않아도 됐다. 부산시는 이것이 경제적으로 유리하므로 민간 위탁을 추진하라고 요구했다. 하지만 나의 판단은 달랐다.

부산시의 조직부서를 설득해 전문치료사의 정원을 확보하기로 했다. 작은 정부를 지향하는 정부의 정책 방향에 맞춰 공공의 기능을 민간에 위탁하는 추세인 상황에서 이를 설득하기는 쉽지 않았다. 민간기관의 궁극적 목표는 영리 추구에 있다. 하지만 이러한 아이들의 치료는 경제적 관점에서 볼 일이 아니다.

민간 위탁과 관련해 함께 검토해야 할 과제는 센터 내에 설치한 주거 공간을 남녀 시설로 구분해 존치하는 문제다. 아이 하나를 낳으면 지원하는 출산 장려 시책은 많다. 현물 급여뿐만 아니라 다양한 부가급여가 주어진다. 있는 아이도 잘 기르지 못하면서 아이 출산에만 급급한 것이다. 인구의 질을 고려하지 못한 처사다. 그리고 만약 이들이 온전히 치료받지 못한다면 훗날 이들은 학대 가해자로 전락하거나 여러 가지 비행에 빠져들기 쉽다. 이에 따른 기회비용은 엄청날 것이다. 그렇기에 다른 어떤 인프라 투자보다 우선시돼야 할 것이다.

처음 아이를 구출했을 때와 6개월간의 치료를 마친 후를 비교해 보면 엄청난 결과가 나타난다. 성적도 뒤에서 10% 수준이었던 아이들이 6개월이 지나자 앞에서 10% 수준을 유지했다. 해맑은 얼굴은 어떻게 비교할 수 있을까? 6개월의 기간 동안 원가정으로 복귀할 수 있도록 부모 치료 및 지역사회와 협력을 통한 가정환경 조성에 힘썼다. 6개월이 지나도 원가정으로 돌아가는 것이 바람직하지 않다고 판단되면 아이들은 부득이 보육시설로 옮겨진다. 이 과정을 지켜보는 보육교사 선생님들은 한없이 울음을 터뜨릴 뿐이다. 오랜 시간이 지난 지금도 생각해 보니 전문치료사를 확보하고 이들을 집중적으로 치료할 수 있는 쉼터 운영을 지속할 수 있도록 한 것이 보람이었다.

그런데 훗날 보니 쉼터는 없어지고 학대 피해 아동들은 시내 여러 곳의 보육시설로 뿔뿔이 흩어져 생활하고 있었다. 저출산 시대를 맞아 보육시설 아동 수가 감소하니 경제적으로 유리하다는 판단 하에 그렇게 했다고 한다. 복지 정책을 시행하는 데 있어 경제적 문제를 생각하지 않을 수 없다. 두 명의 보육교사를 추가로 배치할 이유도 없고 유휴공간이 충분한 각 보육시설에서 생활하는 것이 비용 측면에서 당연히 유리한 것이다. 그러나 보육시설로 산개한 학대 피해 아동의 실상을 들여다보면 전혀 그렇지 않다. 사실상 보육시설은 가정에서 양육이 어려운 아동들을 양육하고 치료하는 시설이 아니다. 전문적 치료인력도 없다. 그러니 문제가 발생한다.

학대 피해를 겪은 아동이 치료를 충분히 받지 않으면 거의 100% 학대 가해자가 된다는 사실이다. 즉 자신이 겪은 과정을 뇌리에 입력했다가 언젠가 그대로 표출해 낸다는 것이다. 학대 피해 아동의 전입으로 시설 전체가 혼란스럽다는 원장님들의 고충을 듣게 되었다. 한두 사람이 아닌 대부분의 원장이 고충을 토로했다. 전문치료사가 없는 상태에서 보육교사의 훈육만으로는 절대 치료가 되지 않으며, 아동들은 학대 피해의 흔적을 간직한 채 성장할 가능성이 크다. 그리고 이들이 자라 성인이 된다. 아쉽다.

치료사 확보와 쉼터의 기능 유지에 이어 또 하나의 주어진 과제는 오래된 도서실을 정비하는 일이었다. 아동보호종합센터의 도서실은 아동 위주의 전문 도서실이 되어야 한다는 판단 하에 오래된 노후 도서를 정신요양시설로 이관하고 아동과 관련한 도서, 그리고 이들의 치료와 관련한 도서로 모두 교체했다. 예산부서를 설득해 신간 도서를 구입하고, 도서 기증 단체를 찾아 아동과 치료 전문 도서실로 새롭게 단장했다.

더불어 아이들이 부모와 함께 책을 읽으며 놀 수 있도록 별도 공간을 마련하고 바닥에는 난방시스템을 구축해 아동의 눈높이에 맞춘 환경 정비를 했다. 아동과 관련한 전문 도서실을 구비했지만 휴일 이용이 어려운 점을 고려해, 동료 직원을 설득해 윤번제로 토요일과 일요일에 도서실을 개방토록 했다. 다소의 어려움은 있었으나, 함께 호응해준 동료들이 있었기에 가능한 일이었다.

아동의 건전한 양육과 관련해 세 번째로 고민한 일은, 부모의 숨결을 느끼지 못하고 국내외 가정으로 위탁 양육된 아이들을 위해 조금이나마 고민해보고 대안을 찾아보자는 것이었다.

　우리나라에 정전 협정이 맺어진 1953년의 1인당 국민소득은 66달러로 세계에서 최빈국 수준이었다. 경제적으로 어려운 가운데서도 6·25전쟁 이후인 1955년부터 1963년 사이에 다자녀 시대를 맞이하게 된다. 소위 말하는 베이비붐 세대가 대거 등장하게 된다. 전쟁으로 부모를 잃은 고아들이 많았고, 다자녀 출산도 많아 아이들은 보육시설에 맡겨지거나 해외로 입양됐다. 이때 미국을 중심으로 한 선교사들의 후원을 받은 보육시설이 늘게 됐다. 이 제도가 아마 우리나라 현대적 복지제도의 시작이라 볼 수 있을 것이다. 흔히 말하는 보육시설이다. 보육시설의 등장으로 인해 전쟁으로 부모를 잃은 아동들은 물론이고 경제 사정으로 가정에서 양육을 받을 수 없는 아동들이 보호받게 됐다.

　하지만 보육시설은 본래 기능보다 해외로 입양 보내는 아이들의 정거장 역할을 할 뿐이었다. 이러한 시대적 환경으로 인해 아이들은 대거 해외로 입양 보내지게 됐으며, 우리나라는 아이 수출국이라는 오명을 쓰게 됐다. 해외 입양 통계 자료에 따르면, 2004년부터 2021년까지 17년 동안 우리나라에서 해외로 입양 간 아이는 총 1만 6,051명으로 전 세계에서 입양을 가장 많이 보낸 나라 7위를 기록했다. 2007년 통계를 보면 아동복지시설에서 보호 받는 아동은 1만 8천 명이나 된다. 모든 아동은 부모의 보호를 받으며 성장할 권리가 있음에도 보육시설이나 문화적 이질감이 많은 해외, 그중에서도 유럽 등지로 입양을 가게 된다. 이들은 성장 과정에서 정체성의 혼란을 겪게 되며, 국내 보육시설이라 해도 예외는 아니다.

이때 만난 분이 '스티브 모리슨'이라는 사람이다. 그는 강원도 묵호에서 태어났다. 그가 다섯 살이던 때, 술만 마시면 가정폭력을 일삼던 아버지를 피해 어머니가 떠났고 아버지마저 경찰에 붙잡혀 들어가자 모리슨과 그의 동생은 거리를 헤맸다. 낮에는 음식을 찾아다니고 밤에는 다리 밑에서 잠을 청했다. 그러다 시장에서 달걀을 팔던 아주머니가 이들을 불쌍하게 여겨 동생을 데려갔다. 자신은 소아마비 장애로 따라가지 못했으며, 그게 동생과의 마지막이 됐다. 그렇게 거리를 전전하다 여섯 살이던 1962년 한 신사가 불편했던 한쪽 다리의 수술을 받을 수 있다며 홀트아동복지회로 데려갔다. 그렇게 그는 일산초등학교를 졸업하고 열네 살이 되던 해 지금의 가족인 미국 노부부에게 입양됐다. 그는 우주 탐사를 꿈꿨고, 닐 암스트롱 등 26명의 우주인을 배출한 우주 개발 명문인 미국 퍼듀대학교 우주항공과를 졸업하고 NASA의 수석연구원으로 근무하고 있었다.

앞만 보고 달려왔지만, 어느 정도 여유를 가지니 아마 어머니는 돌아가셨으리라 생각하고 동생을 찾아보기로 했다. 당시 그는 우리나라 아이들을 입양 보내는 기관인 한국입양홍보회 이사로서, 섬김과 아울러 자신의 아픔을 기억하며 본인 역시 세 명의 아이를 입양해 양육하고 있다고 했다. 미국의 저명한 과학자로 또한 아이 사랑에 남다른 관심을 쏟는 열정을 보고, KBS에서도 그의 삶에 대해 특집방송을 한 적이 있다. 혹시 동생이 방송을 보고 찾게 될까 노심초사 기다렸다. 그와 헤어지고 난 후 동생을 찾았는지는 알 수 없다. 하지만 이를 계기로 입양이란 문제를 깊이 고민하게 됐다. 그러던 중 국내 입양 가정 부모들의 고충을 듣게 됐으며, 벽돌 한 장이라도 쌓는 심정으로 이들의 고민에 귀를 기울이게 됐다.

입양 아동들의 대부분은 분리불안을 겪는다고 한다. 유아기에는 모르지만 4~5세가 되면 부모로부터의 분리에 따른 이상행동을 하게 된다는 것이다. 사춘기처럼 말이다. 이런 아이들을 치료하기 위한 사회복지시스템이 절실하게 필요하다. 국내 위탁가정의 아이들이 18세가 되기까지 정부가 어느 정도의 양육수당을 지급하고 있으나, 정서적 치료 즉 정신과적 도움이 필요한 지원은 전혀 하지 못하고 있었다. 아동 관련 부서에 제도적 방안을 마련해 달라고 요청했으나 소귀에 경 읽기다.

이러한 현실적 요구에 응답하고자 국내 입양가족 아이들의 심리치료를 위한 센터 치료실을 개방했다. 그리고 입양가족 부모들의 고충 해결을 위해 입양가족 캠프를 주관하고 현장의 목소리를 소관부서에 전달하기로 했다. 그리고 우리 센터가 부산지역에 소재하는 입양기관 3개소의 중심기관이 되기로 했다. 이들 기관을 통해 입양 가정의 부모들이 한데 모여 양육의 어려움을 토로하고, 극복 과정을 공유할 수 있는 장을 제공하기로 했다. 아울러 우리 센터의 치료실을 이용할 수 없는 먼 거리에 있는 아이들의 경우 가까운 치료센터에서 치료할 수 있도록 부산시 소관부서에서 정책대안을 마련하도록 건의했다. 그리고 모리슨을 비롯해 성공적인 입양 가정의 강사를 초빙해 주기적인 교육시스템을 구축했다.

아이 하나를 양육하려면 매우 힘이 드는 시대다. 의식주의 해결은 기본이고 건강보험이 적용되지 못하는 정서적 치료 문제도 심각하게 고려해야 할 것으로 본다.

─────── 자살 예방을 위한 심리 부검

부산광역시 건강증진과장으로 근무할 때다. 공무원들은 다른 부서에서 담당하던 일을 가져와서 처리하는 것을 극도로 싫어한다. 생색내기 좋은 업무는 서로 가져가 처리하려 하지만, 자살이나 장애인과 관련한 업무는 더욱 싫어한다. 과장으로 일할 당시 정신장애인 업무를 사회복지부서에서 담당하고 있었는데, 정신건강이라는 이유로 건강증진과에서 담당하라는 통보가 왔다. 나는 흔쾌히 그 업무를 받았다. 업무를 담당하는 과정에서 가장 큰 이슈가 자살과 조현병 환자에 관한 사회적 문제에 대처하는 것이었다. 지금도 마찬가지지만 당시에도 우리나라의 자살률은 꽤 높은 편이었다. 그중에서도 노인 자살률이 월등히 높았다. 어떻게 할 것인가?

자살 예방에 가장 면밀하게 대응하는 나라는 핀란드다. 핀란드는 자살을 왜 하게 되는지에 대한 원인을 규명하고 대책을 마련하기 위해 국가적으로 자살자에 대한 심리 부검을 하고 있다. 이 사례를 참조해 자살자에 대한 치료, 약물 처방, 나아가 사회적 관계망을 강화한다면 자살자의 숫자를 줄일 수 있다는 확신 하에 우리도 자살자에 대한 심리 부검을 하고자 했다. 이 사업의 기획과 추진은 행정가의 노력만으로는 되지 않는다. 정신건강 관련 전문지식이 풍부한 이의 협조 없이는 불가능하다. 즉 행정적 추진은 나와 담당자가 그리고 전문적 영역은 당시 광역정신보건센터장을 맡고 계셨던 정신과 영역의 대가인 김철권 교수께서 맡아주시기로 했다.

우선 자살 사건이 발생하면 맨 먼저 해당 경찰서에서 사인을 규명하기 위해 수사를 한다. 이때 정신건강 전문 요원이 사인 규명에 동참하게 해달라고 요청했다. 그 요청에 따라 부산지방경찰청 형사과장께서 모든 지원을 해주시기로 했다. 산하 경찰서 수사과장 회의를 통해 적극적인 지원을 당부해 주셨다. 우선 사인(死因)을 규명할 때부터 구조화된 설문지를 통해 자살 시간대, 장소, 요일, 가족관계, 자살 수단, 그동안의 치료 여부 등을 조사하게 했다. 각종 언론 보도에 따르면, 자살자의 발견 장소는 모텔이나 한적한 장소의 차량이 많으며, 가족관계가 단절된 경우가 많다. 시간대별로 보면 쓸쓸히 혼자 보내는 주말 등이 대부분이다. 사례와 통계를 통해 캠페인이나 방문 상담, 가족관계의 회복 등 행정이 개입할 영역을 실증적으로 찾아보자는 취지였다.

자살자에 대한 심리 부검을 한다는 기사가 지역 언론인 〈부산일보〉에 1면 톱으로 보도됐다. 다음 날엔 조선일보가 1면 톱으로 보도했다. 언론의 힘은 세고 무섭다. 전국의 주요 언론 및 유력기관으로부터 추진 방향과 애로에 대한 문의가 쇄도했다. 어떤 방법으로 할 것인지, 그리고 그 결과를 어떻게 활용할 것인지, 앞으로 자살을 예방하기 위해서는 어떤 방안이 마련돼야 할 것인지가 골자다. 그때까지 사실상 예방대책이라고는 정신보건센터를 통한 상담, 홍보, 교각 등에 대한 안전 시설물 설치가 고작이었다. 정신건강증진센터는 국비로 지원되는 센터로 1개소당 3천만 원이 지원되고 있으나 그마저도 부산에서는 16개 구 중 7개소밖에 설치되지 않았다. 이러한 애로사항을 알리고 지원 요청을 하게 되면서 부산 16개 구·군 모두에 정신건강증진센터가 설치될 수 있었으며, 국가적으로도 중요한 정책 의제로 채택돼 흐뭇했다.

  한편, 3천만 원의 예산으로는 조직 운영이 어려워 별도의 시비 3천만 원을 확보함과 더불어 이듬해 부산시 전체의 자살 예방 대책을 기획하고 입안하는 부산광역시 자살예방센터를 설치해 2억 원의 예산으로 걸음마를 디딜 수 있었다. 통계적으로 부산시만 해도 하루 3명꼴로 자살자가 발생하는 상황에 비춰보건대, 자살자 본인의 생명은 차치하고라도 그 유가족이 겪는 아픔을 생각할 때 충분한 투자 가치가 있다고 판단했다. 당시 업무를 담당하던 함영희 주무관의 헌신적 노력과 김철권 교수님의 전문적 개입과 조언,

그리고 현재 가톨릭대학교 교수로 있는 이미경 박사님과 부산지방경찰청 형사과장님, 산하 경찰서 형사 및 수사과장님의 헌신적인 지원으로 본 사업을 추진할 수 있었다.

주변에는 정신과적 문제를 가진 사람이 수없이 많다. 우울증은 물론이고 발달장애인의 경우 거의 전부가 정신과적 문제를 안고 있다. 평범하던 가정도 위기를 만나고 시간이 지나도 해결되지 못하면 붕괴하고 만다. 주요 원인 중 하나는 남편이나 아내가 이를 극복할 정신적인 능력이 소진되었기 때문이다. 그토록 사랑하던 가족과 헤어지고, 이로 인해 온 가족이 아파한다. 심지어 폭력이나 범죄에 이르기도 한다. 그렇지만 아직도 우리나라에서는 정신과 전문의에게 접근할 기회가 상당히 차단되고 있다. 정신과 의사를 만나도 기껏해야 1~2분 면담과 약물 처방이 전부다.

또 각 기초자치단체별로 설치·운영하고 있는 정신건강센터는 규모는 물론 인력 확보도 빈약하다. 우리나라에는 각급 학교에서 심리치료를 전공한 전문 인력이 많다. 약물 처방이 필요하다면 의사를 찾으면 된다. 시장 기구에만 맡겨둘 일이 아니다. 각 기초 자치단체별로 아동은 물론 성인 그리고 노인, 나아가 산후 우울증에 시달리는 주부에 이르기까지 다양한 계층의 마음 상담과 치료를 위한 마음건강센터가 구축됐으면 한다. 마음건강센터에는 상담과 심리치료를 전공한 인력이 충분히 배치돼야 한다. 인건비가 많이 드는 정신과 의사를 배치하지 않아도 된다. 보건복지부가 지침을 만들면서 정신과 의사를 배치토록 할 것이다.

　고정관념에서 벗어나라. 우리나라는 지하자원이 없다. 하지만 유능한 인적 자원은 많다. 보호 무역이 횡행하는 현 시점에서는 건강한 국민만이 세계와의 교류에서 우위를 점할 수 있을 뿐이다. 이러한 인프라의 구축만이 우리나라의 대외 경쟁력을 높일 수 있다고 본다.

장애인 전용 치과병원 건립

　　장애인복지팀장으로 근무하던 1990년대 말의 일이
다. 부산대학교 치과대학에 근무하고 계시는 김태성 교수, 그리고
시민단체 활동을 하고 계시는 김종민 치과병원 원장과 대화할 기
회가 있었다. 대화 중 부산에도 장애인 전용 치과병원이 필요하니
부산시가 앞장서 주기를 바란다는 제안을 하였다.

　　장애인을 위한 별도의 치과가 왜 필요한가? 보편적으로 장애인
도 일반 치과병원을 찾으면 되지 않을까? 아니다. 이게 웬일인가?
발달장애인이나 신체가 변형된 뇌병변 장애인의 경우 치아 발치
만 해도 전신마취를 해야 한다. 치과 질환 치료를 위해서는 누구
든 부분 마취를 먼저 시행한다. 그러나 발달장애인이나 신체의 떨
림이 심한 뇌병변 장애인의 경우 치아 주변 마취를 할 수 없다. 특
히 발달장애인의 경우 장애의 특성상 치아 관리를 스스로 할 수도
없으며 마취에 따른 공포로 쉬 접근하기도 어렵다. 병원을 건립하

는 일도 사회복지부서의 소관이 아니다. 보건이나 의료 관련 부서에서 추진하지 않으면 건립할 수도 없다. 보건의료 관련 부서에서 검토할 사안으로서, 능력의 한계라는 말로 답할 수밖에 없었다.

그 후 꽤 시간이 지나 부산광역시 건강증진과장으로 보직을 맡게 되었다. 당시 건강증진과의 주요 업무는 시민건강을 위한 건강 행태 개선사업과 구강건강을 포함한 건강증진을 위한 다양한 프로그램을 추진하는 것이었다. 어느 날 보건복지부에서 장애인 치과병원 건립을 위한 수요조사를 한 적이 있었다. 국비와 지방비를 함께 부담해 장애인 전용 치과병원을 건립하는 것에 대한 수요조사였다. 나는 이 기회를 통해 과업에 도전키로 하고 담당자의 의견이 과장에게 보고되기를 기다렸다. 국비를 지원하더라도 지방비 부담이 돼야 하고 장애인 치과병원을 건립하자면 치과의사뿐 아니라 마취 전문의도 확보해야 하니 쉽지 않은 일이었다. 힘든 일이다. 수요조사 마지막 날 우리는 의향이 없다는 보고를 받았다. 담당자로서는 얼마나 고민을 했을까 싶다. 그래서 조직에는 팀원, 팀장, 과장, 국장 등 각 직책에 적합한 리더십이 필요하다.

장애인 전용 치과병원을 건립하기 위해서는 상당 수준의 부속 인프라가 필요하다. 우선 치과 치료 전 마취 전문의가 상시 근무할 수 있어야 하며 최소 2인 이상의 치과의사가 있어야 한다. 그리고 개원 시 수익 창출이 어려울 뿐만 아니라 의료인력에 대한 인건비와 이용자의 부담 능력도 고려해야 한다. 결국 병원의 사회공헌사업과 결합하지 않으면 설치와 운영이 어렵다. 설치와 운영을 할 수 있는 적정 대상은 지역 국립대 병원일 수밖에 없다. 사정을 보아하니 국립대학교 거점병원인 부산대학교병원에 참여를 호소할 수밖에 없다. 그리하여 당시 부산대학교병원장이신 박남철 원장님을 만나 동참을 요청하게 되었다. 병원장께서는 이 사업에 선뜻 동참해 주시기로 하고 병원 인근 건물을 매입해 건립에 참여해 주셨다. 참으로 고마운 일이다. 한 사람이 세상을 바꾼 것이다.

병원이 준공되고 운영을 위해서는 많은 배려와 기준을 정할 필요가 있었다. 당시 보건복지부 지침에 의하면 병원이 부산·경남권역의 장애인 치과병원으로 운영돼야 했다. 인근 양산이나 김해, 창원, 울산 등지의 장애인 이용 편의도 고려해야만 했다. 특별한 진료가 필요한 장애인 치과 진료인 만큼 헌신할 수 있는 의사를 확보하는 일도 중요한 과제였다.

또한 발달장애인이나 뇌병변 장애인의 경우 치과 진료뿐만 아니라 상시적인 치아 관리 교육도 중요했다. 치과 진료는 고가이거나 건강 보험상 제외 영역이 많아 비용 문제도 중요한 변수다. 나아가 장애인 전용 치과병원이니 장애인이 우선 이용하는 것은 당연한 일이지만, 운영 취지에 맞게 치아 관리가 어려운 발달장애인과 뇌병변 장애인 등이 우선시돼야 할 것이다. 물론 중증 지체 등

장애인이 있지만 이 분들은 가까운 지역의 치과병원을 이용한다면 큰 문제는 없어 보인다. 하지만 저렴한 비용으로 좋은 서비스를 받을 수 있으니 장애 유형을 불문하고 환자가 몰리기 일쑤일 것이다.

당연히 우선순위를 정하고 최소한의 운영비를 지원할 수 있는 시스템을 마련할 수밖에 없었다. 부족분은 부산시 예산으로 지원해야 하는 것이다. 이 역시 예산부서에 지원 필요성을 설득하고 예산을 확보하는 일이 필요했다. 담당자로서의 힘은 절대적으로 부족할 뿐이었다. 과장이 직접 나서서 예산부서를 설득했고, 풍족하지는 못해도 어느 정도의 예산을 확보할 수 있었다. 세심한 배려를 위해 나름의 최선을 다했다는 의미에서 큰 보람을 느낀다.

오랜 시간이 지났음에도 만나는 발달장애인 부모 대부분이 치과병원이 있어 좋다고 한다. 돈이 문제가 아니라 치과 치료를 받을 수 있어 행복하다고. 하지만 너무 오래 대기해야 한다는 불만이 있어 안타깝기도 하다.

알코올에 의존하는 사람들

　　　대부분 조직이 프로젝트를 마치거나 힘든 과정을 거치고 나면 회식을 한다. 회식의 주메뉴는 고기와 술이다. 한 순배의 술잔이 돌고 나면 응어리졌던 관계가 눈 녹듯이 사라지기도 하고 서로 껴안고 화해하기도 한다. 술은 과하지만 않으면 바쁜 일상과 스트레스 해소에도 도움이 될 수도 있다. 그러나 알코올은 중독을 유발하며 사람을 피폐하게 만든다.

　문제는 상습적으로 알코올에 의존하여 미래를 꿈꾸지 못하고 자포자기하는 경우다. 대표적인 사례가 노숙자다. 정부는 1988년 이후 전국에 200만 호 주택공급프로젝트를 시행했다. 서민주택 공급 차원에서 소형 아파트를 건립하고 우선 입주 대상은 국민기초생활수급자, 노인, 장애인 등으로 정했다. 이 사업의 일환으로 우리 부산에도 대규모 영구임대아파트 단지가 여러 곳에 들어서게 됐다. 그러니 자연적으로 입주자의 대부분이 국민기초생활수급자로, 모두가 그렇지 않지만 많은 분이 알코올에 의존하며 하루를 보낸다. 심지어 매월 지급되는 급여가 나오기 전에 가게에서 외상으로 주류를 구입하고 변변찮은 안주와 함께 마신다. 그 중 일부는 주거환경이 매우 열악하고 정신 상태가 온전치 못하기도 했다.

이들을 어떻게 할 것인가? 설득으로 해결할 수 있을까? 방법이 없다. 어떤 경우에는 병원에 입원하여 정신과적 치료를 받아야 한다. 정신과적 치료를 받고자 입원하기 위해서는 다수 시민의 안전을 위협하는 상황이 아니라면 국가도 개입할 수 없다. 강제 입원 절차도 어렵다. 가족을 찾아야 하고, 가족과 본인을 설득해야한다. 하지만 이들 대부분이 가족과의 관계가 단절됐거나, 가족을 찾아도 가족이 이들을 포기하는 경우가 많다.

모라동에는 영구임대아파트 밀집 단지가 있다. 여기엔 한국토지주택공사가 설치한 2,385세대의 임대아파트가 밀집돼 있다. 사실 서민용 영구임대아파트를 이렇게 많이 한곳에 밀집시켜 건축하는 것은 정책 실패다. 어느 지역이든 잘사는 사람, 못 사는 사람, 그리고 노인 등이 고루 분포돼, 함께 나누고 섬기며 살아가는 것이 이상적이다. 그러나 이곳에는 사회적 약자인 국민기초생활수급자나 노인, 장애인 등 사회적 취약계층이 밀집해 있어 많은 사회적 문제를 야기하고 있다. 이곳에 소재한 학교 학생들도 대부분 수급자 가정이다. 그러니 학교 선생님도 힘이 들 것이다. 이 곳을 담당하는 지구대도, 동사무소도, 사회복지관 이용자도 마찬가지다. 알코올에 의존하는 세대도 그 어느 지역보다 많다. 어찌 할꼬?

알코올에 의존하며 살아가는 주민들을 어떻게 할 것인가? 생각해 낸 방법은 부산 알코올센터의 전문적인 시스템을 활용하는 것이었다. 당시 부산광역시 알코올센터는 우리나라 중독치료의 대가인 부산대학교 의과대학 김성곤 교수가 센터장을 맡고 있었지만, 쥐꼬리만 한 지원과 두세 명의 전담 인력이 감내하기는 역부족이었다. 김성곤 교수님께 구상하고 있는 대략을 설명하고, 센터 분소를 그곳에 설치해 전문 인력을 배치함과 아울러 프로그램을 마련해 주기를 요청했다. 교수님께서는 적극적으로 동참해 주겠다 하셨고, 세세한 프로그램과 실행을 맡아 주었다.

그리하여 우선, 영구임대아파트가 밀집한 모라동 지역에 별도의 분사무소를 설치해 알코올센터가 중심기관이 되고 사회복지관, 경찰관서, 보건소, 동사무소, 통반장 등이 협력 기관으로 참여하는 솔루션 팀을 구성하기로 했다. 이를 위해 예산부서를 설득해 사업비를 추가 확보하고, 경찰관서를 통해 단절된 가족을 찾고, 동사무소나 통반장, 그리고 인근 사회복지관을 통해 가사를 정리하며 지역주민 모두가 치료자로 참여할 수 있도록 했다. 심한 환자의 경우 본인과 가족을 설득해 입원 치료를 받도록 해야 했다.

이러한 일련의 과정을 거쳐 가족을 찾을 수 있었으며 입원 치료와 함께 주변 환경을 정비하고, 관계기관이 협력해 주기적인 사례 관리를 통해 회복의 단계로 나아갈 수 있었다. 이 사업의 성과는 입소문을 타게 되었으며, 지역 언론사에서 '희망을 전하는 프로젝트'란 이름으로 1면 톱 기사에 게재되기도 했다. 이듬해에는 슬럼화된 지역을 추가로 선정해 사업을 시행할 수 있어 나름의 보람을 느꼈다.

우리 주변에서는 특정 계층을 위해 주거단지를 건립하고 있다. 장애인 단체는 장애인 전용 주거단지를, 노인은 노인 전용 주거단지를(최근 노인의 주거와 여가 활동을 위한 실버타운 건립이 화제다), 그리고 저소득층을 위한 영구임대주택단지를 건립해 달라고 요청한다.

단연코 이는 옳지 않다. 함께 어울려 살아야 한다. 아파트를 신규로 건설하거나 재건축, 재개발하는 경우 다양한 계층의 주민들이 입주할 수 있도록 해야 할 것이다. 이는 국가만이 할 수 있다. 대규모 영구임대아파트를 건립해 지역이 슬럼화되고 취약계층의 밀집으로 나타나는 사회적 문제들을 예방해야 할 것이다. 이를 위해서는 우리나라 국토개발과 디자인을 총괄하는 국토교통부 또는 토지주택공사 구성원의 생각이 변화돼야 한다. 이들 부서에 사회학이나 사회복지를 전공한 인력도 고루 배치돼야 할 것이다. 온통 개발 일변도와 경제성 중심의 사고로는 당장에는 맞을지 모르나 수년이 지나면 어마어마한 사회적 비용이 든다. 사고를 쳐

놓고 힘없는 복지공무원에게 수습 책임을 떠넘기는 것은 잘못된 것이다.

장애인복지팀장이나 장애인복지과장으로 근무하면서 늘 안타까웠던 것이 건축이나 토목기술자의 계단 중심 설계였다. 심지어 대형 호텔이나 관공서에 가면 회전문이 많다. 좁은 회전문을 휠체어를 탄 장애인이 통과할 수 있을까? 건물 앞 진·출입로를 미끄럼 방지 자재를 사용해 경사지게 만들면 얼마나 좋으랴. 꼭 웅장한 계단을 설치하고 별도로 돈을 들여 장애인 출입로를 설치해야 하나?

이제 우리나라의 건축이나 토목 기술 수준은 가히 세계적이다. 구조적 안전성을 위한 기술은 충분히 확보됐다고 본다. 디자인과 사회적 관계망을 고려한 건설이 돼야 할 것이다. 나아가 공공기관에 대한 정부의 획일적인 경영평가 기준도 변화해야 한다. LH공사의 설립 목적은 저소득 주민의 주거 안정에 있다. 그럼에도 평가 기준은 아직도 투입과 산출의 경영 평가 지표가 많다. 개선돼야 할 것이다.

─── 대한민국 복지대상 수상

부산 서구청에서 부구청장으로 근무할 때다. 부산의 서구, 중구, 동구, 영도구는 대표적인 원도심(原都心) 지역이다. 부산의 옛 중심지를 뜻하는 말이다.

해방 이후 일본 등지에서 돌아온 귀환 동포, 6·25 전쟁으로 인한 피란민 등으로 부산의 인구는 급속히 증가했다. 부산 인구의 추이를 보면, 1945년 8·15 당시에는 28만 명 정도였는데 1949년 말 47만 명으로 증가했다. 또한 6·25 전쟁으로 피란민들이 부산으로 밀려들면서, 1953년 말 부산 인구가 82만 명으로 집계됐다. 피란민의 대부분인 35만여 명이 부산에 계속 살게 되면서, 2년 뒤인 1955년 부산의 인구는 100만 명이 되며 10년 만에 거의 4배로 증가했다. 도시의 수용 인프라는 그대로 둔 채 인구가 기하급수적으로 증가함에 따라, 도시는 온통 부족과 과밀 상태였다. 도로가 비좁고 상수도 용량도 모자라고 가용토지도 모자랐다. 그러나, 우리나라 대부분 지역은 6·25 전쟁으로 인해 도시가 파괴돼 새로이 도시 구조를 설계하거나 신도시를 건설했기에 이러한 문제는 덜하다.

이들 대부분이 거주하게 된 곳이 부산역, 자갈치 시장, 부산항을 중심으로 한 원도심 지역이다. 산복도로, 옹기종기 모여 사는 오래된 주택, 국유지, 좁은 골목 등으로 유명하다. 고지대 산복도로 주변에는 자녀들이 떠나고 고령의 원주민들이 대부분 살고 있다.

부산시는 도시의 숨통을 트게 하려고 많은 돈을 투입해 도시재생사업을 시행하고 있다. 골목길을 단장하고 안전을 위한 시설들을 확충해 관광객을 유치한다지만, 태생적 한계를 지닌다. 차량 진입이 어려우니 젊은이들이 몰려들 여지가 없으며, 주거환경을 개선하려 해도 대부분이 국유지라 거주민들은 보상을 받을 수 없어 다른 곳으로 떠나지도 못한다. 아직도 공동화장실이 가장 많은 지역이 이곳이다. 손자들이 할아버지, 할머니 댁에 가고 싶어도 화장실 가기가 무섭다고 한다. 물론 지역 전체가 그렇지 않지만, 고지대 지역을 가보면 가슴이 아프다.

바람직한 현상은 시간이 걸리더라도 순환 주택을 건축해 이분들이 매우 저렴한 비용으로 자기가 살던 지역의 새로운 보금자리에서 살아가도록 하는 것이다. 물론 이러한 사업에는 부산도시공사 등이 앞장서 참여해야겠지만, 국가에서는 국유지를 유상으로 매입하라고 한다. 부산도시공사는 독립채산으로 서민 주택을 공급하라고 하며, 이 기준에 맞게 기관장을 평가하고 있으니 답을 찾을 수가 없다. 돈은 어디서 조달할 것인가?

이 기회에 언급하고 싶은 것이 있다. 6·25 전쟁으로 우리나라 전체가 북한군에 점령당했음에도 부산만은 남아 있었다. 물론 인천상륙작전을 통한 반격으로 수도 서울을 탈환했지만, 부산항을 시발점으로 미군의 군수용품이 공급되고 전국에서 삶을 찾아 몰려든 국민을 맞아준 임시수도 부산이 있었기에 오늘이 있다고 본다. 피란 온 국민은 주거를 찾아 일제강점기 시절 일본인의 공동묘지였던(서구 아미동 지역의 비석마을) 곳에 움막을 치고 살다 그곳이 삶의 터전이 되었다.

십수 년이 지난 지금, 이 도시의 문제가 부산시만의 책임인가 묻고 싶다. 아니다. 정부의 책임이다. 정부의 책임이라면 이제 우리나라도 어느 정도 살만한 나라가 되었으니 응당 국가가 개입해야 한다. 이 지역에 거주하는 주민들의 순환 주택을 건립하고 스카이라인을 정비하는 사업을 국가가 주도해야 한다. 그런데도 획일적인 기준을 적용해 국가와 지방이 일률적으로 비용을 부담하라는 논리는 재고돼야 할 것이다.

부산항이 있었기에 반격을 시도할 수 있는 물자와 군수품이 보급될 수 있었다. 그리고 피란민의 생명을 지킬 터전이 마련됐다. 또한 임시수도를 통해 내각을 통한 국가의 기능을 유지할 수 있었으며 전국의 대학도 피란 학교를 통해 명맥을 유지할 수 있었다. 전후 새 힘을 얻어 피란 온 사람들이 그들의 고향으로 돌아가 새로운 터전을 일굴 수 있었다. 하지만 고령으로 돌아갈 곳이 없는 분들만 남은 이들 지역의 문제를 부산만이 해결하라는 논리는 어불성설이다.

하지만, 이 지역은 아직도 주민들 상호 간에 서로 도우며 함께 살아가야 한다는 공동체 의식이 그대로 살아 있다. 국가는 물론이고 부산시도 재정 여력이 없다고 하고, 구청에서는 권한과 재정이 빈약한 실정이다. 서구, 중구, 동구 그리고 영도구를 포함한 원도심 대부분이 20% 내외의 재정자립도를 유지하고 있을 뿐이니 어찌하랴. 그래도 현 제도 내에서 이분들의 삶의 질을 높일 수 있는 방법을 찾아야 하지 않은가. 산복도로를 만들고 폐가를 철거하고 나무 한 그루라도 심어 도심의 숨통을 트이게 해야 한다.

이를 위해 산복도로를 개설한다. 골목길을 정비하고 주민 안전을 위한 다양한 커뮤니티 시설을 설치한다. 아울러 문화도시로 성장하기 위한 다양한 창조도시사업에 발버둥을 친다. '조족지혈(鳥足之血)'이란 말이 있다. 엄청난 재원이 소요됨과 아울러 국유지에 세워진 낡은 건물로 제약이 한두 가지 아니다. 그래도 발버둥을 쳐야 한다.

당시 구정을 책임진 박극제 청장은 탱크처럼 일하는 CEO다. 그는 중학교 과정만 마치고 검정고시를 거쳐 동아대 대학원에서 박사학위 과정도 마쳤다. 다양한 사업 경험을 토대로 새벽 5시면 어김없이 일어나 서구의 구석구석을 돌며 사람을 만난다. 그가 취임한 후 거의 40년 이상 방치돼 흉물이 된 한진중공업 자리를 정비하고 우리나라 제1호 공설해수욕장인 송도해수욕장 주변을 관광 자원화했다. 지지부진했던 송도 해상케이블카를 준공하고 한진중공업 부지에 5성급 호텔을 유치해 관광 인프라를 구축했다. 그리고 대한민국에서 야경이 가장 아름다운 초장동 남부민동 지역의 산복도로를 개설하고 카페를 비롯한 주민 주도의 다양한 커뮤니티 시설을 만들었다.

훗날 의욕적으로 추진했던 사업들이 특혜 또는 결탁이란 의혹을 받으며 고초를 받았으나 함께 이러한 사업에 참여한 나로서는 추호도 사심이 없었음을 이 기회를 통해 말하고 싶다. 공과를 인정하기가 싫은 게 정치 현실이다. 반대한다. 투서를 넣는다. 상대가 고꾸라지길 바란다. 조선 시대 4색 당파와 조금도 다른 점이 없다. 임진왜란이 그렇다. 남북으로 동서로 노장 세대로 찢어지고 있다. 가슴 아픈 일이다. 공직 경험을 통해 보건대, 일하지 않으면 감사를 받을 필요가 없다. 열심히 일한 자가 꼭 감사를 받고 의혹을 받는다. 하지만 사익을 추구하지 않고 청렴한 CEO는 잘 쓰러지지 않는다.

도시 발전은 물리적인 개조도 중요하지만 소중한 문화를 계승하는 것도 매우 중요하다. 이러한 지역적 특성을 가진 점을 고려

하고, 지역이 가지고 있는 최대 강점인 이웃과의 교류와 정(情)의 문화를 나누는 단단한 플랫폼을 만들고 싶었다. 그리하여 시작한 사업이 동사무소(요즈음은 행정복지센터라 한다)를 중심으로 지역의 다양한 자원을 활용해 나누고 섬길 수 있는 플랫폼을 만드는 것이다.

플랫폼의 골자는 이렇다. 서구에는 일제강점기 시절, 일본인 공동묘지였던 장소에 6·25 등으로 피란 온 주민들이 임시 거처를 마련했다가 정착하게 된 비석마을이 있었다. 이곳에 가면 대부분 가옥이 무덤의 축대 위에 세워져 있다. 서구에서는 이곳 주민의 주거환경을 개선하기 위해 산복도로를 건설하고, 경관이 우수한 점을 활용해 커뮤니티 시설을 만들었다. 그중에는 환경부 지원을 받아 건립한 에너지절약형 주택도 있었다. 커뮤니티 공간에는 카페를 설치하고, 쿠키를 만들어 어린이들에게 제공하고, 에너지절약형 주택은 에코하우스란 이름으로 체험형 숙박시설로 운영키로 했다.

이를 누가 운영할 것인가를 놓고 박 청장과 함께 고민한 결과, 지역주민의 커뮤니티 공간으로서 주민에게 운영을 위탁하기로 했다. 그렇게 함으로써 지역주민이 앞장서 이 지역을 관광 자원화해 관광객이 이곳을 찾게 되고, 이들에게 일자리를 제공함과 아울러 지역주민의 유대를 강화할 수 있었다.

그리고, 동장이 주축이 돼 지역의 여러 단체와 협력해 어려운 이웃을 발굴하고 1차적으로는 자체적인 인력과 나눔 그리고 섬김으로 사업을 운영하고, 2차적으로는 구청 소관부서에서 지원방안을 강구키로 했다. 이 사업을 추진하는 과정에서 주요한 모니터는 말할 필요도 없이 지역의 사정을 잘 아는 통반장이다. 그리하여 각 통장께는 복지통장이란 위촉장을 수여하고, 어려운 주민 세대를 발굴하는 일에 앞장서도록 했다.

이러한 얼개를 갖춘 기획서를 만들도록 담당 팀장에게 지시했으나 담당 팀장의 기획서는 내가 생각한 내용보다 부족했다. 충분히 이해한다. 기초자치단체의 공직자는 주어진 업무를 실행하는 데 익숙한 공무원이다. 기획보다 정책을 집행하는 과정에 집중해온 사람들이다. 부득이 기획을 직접 하기로 했다. 이 과정에서 담당 팀장은 많이 어려워했다. 부구청장이 직접 기획서를 작성하니 얼마나 불편했을까 싶다. 그러나 아니다. 훈련할 기회가 부족했으니 이런 과정을 보면서 성장하는 법이다. 묵묵히 최선을 다해준 이미경 팀장이 정말 고맙다.

모든 계획을 시행함에 있어서는 중간 점검이 필요한 법, 그리하여 격주로 각 동장이 참여하는 가운데 부구청장이 직접 주재해 보고회를 개최했다. 보고회를 통해 상대 동의 사례를 벤치마킹(Benchmarking)하고 좋은 사례는 확산하기로 했다. 어렵고 부담스럽게 느꼈던 일들을 이웃 동의 사례를 보고 함께 참여하게 됐으며 생각지도 못한 좋은 사례들이 나타나기 시작했다.

한편 나는 이러한 일련의 과정을 기록하고 사진으로 남기게 했다. 상을 받기 위한 것이 아니라, 주민의 아픔과 이웃을 위해 뭔가 할 수 있는 버팀목이 돼주고 싶었다. 이러한 성과를 인정받아 연말 보건복지부 종합평가에서 대한민국 복지대상을 수상한 바 있다. 도시화, 개인주의로 인해 고독사가 증가하고 극단적 선택을 하는 분들이 증가하는 시점에서 참 좋은 사례라 자평해 본다.

4
부

—— 은퇴 후
새로운 길

다양한 경험과 지식은 은퇴 후 삶의 활력
대학 교수와 복지정책 연구책임자
장애인 복지관장의 현장 경험
발달장애인과 함께 걸음
발달장애인을 위한 최초의 독립 주거모델 구축

다양한 경험과 지식은 은퇴 후 삶의 활력

우리나라 평균수명을 살펴보면, 1970년도에 남자가 58.7세, 여자가 65.8세이던 것이 2019년에는 남자가 80.3세, 여자가 86.3세로 50년 만에 약 30세가 늘어났다. 평균수명은 기대수명으로 아이가 태어나 죽을 때까지 기대하는 수명으로, 건강하다면 100세까지는 거뜬하게 산다. 하지만 많은 사람이 60세가 되기 전에 현역에서 은퇴한다.

100세까지 건강하게 살 수 있다면 긴 노후를 어떻게 보낼 것인가? 충분한 노후대책이 마련됐다면 다양한 취미생활과 그동안 하지 못했던 새로운 도전을 할 수 있다. 그러나 대부분은 그렇지 못하다. 나라에서 정년을 연장하자니 청년의 일자리가 줄어든다. 연금소득이나 금융소득으로 생계를 유지하고 취미생활을 할 수 있다고 하지만 일을 통한 삶의 보람을 느끼기 어렵다. 우리는 육체적·정신적으로 적당한 노동을 할 때 성취감을 느낀다. 나아가 전문적인 지식과 지혜를 가진 분들을 사장시키는 것은 국가적으로도 낭비다.

정부는 노인의 소득보장과 건강한 노후를 위해 고령자 고용 우대, 노령연금의 지급 확대, 노인 일자리 사업의 발굴 확대, 다양한 노인 여가 정책 등을 시행하고 있으나 쉬운 일이 아니다.

모세는 120년 동안 살다가 세상을 떠났다. 모세의 삶을 살펴보면 3기로 나누어진다. 제1기는 태어나 바구니에 담겨 갈대숲에 버려진 후 파라오의 딸 공주에게 발견된 이후 공주의 양아들로 유년기와 청장년기를 보낸 40세까지다. 제2기는 40세 이후 동족을 괴롭히는 이집트인을 살해한 후 유목 생활을 한 80세까지다. 제3기는 이집트로 돌아가 이스라엘 장정 60만 명을 이끌고 가나안 땅으로 가기 위해 광야에서 머문 120세까지다. 모세가 살았던 시기는 BC 1500년 경이다. 문헌에 따르면 수렵채취인의 평균수명은 21세에서 37세 정도로 120세까지 산 모세는 상당히 장수한 편이다. 현 시대 기준으로 봐도 그렇다.

기업이나 공무원을 포함해 대부분이 60세 이전에 현역에서 물러난다. 현역에서 물러났을 때 염려되는 첫 번째가 안정적인 소득이고, 둘째가 사회적 역할의 문제다. 현역에서 물러날 즈음이면 대부분이 자녀 양육에서 해방되고 많은 분이 자녀를 출가시켜 미래의 일정 소득만 있다면 경제적으로도 안정적일 수 있다.

그러나 우리나라 복지 정책의 역사가 오래지 않았기 때문에 그렇지 못하다.

우리나라가 국민연금을 도입한 시기는 얼마 되지 않았다. 우리나라는 1973년에 '국민복지연금법'을 제정해 1974년부터 국민복지연금제도를 시행하려 했으나, 1973년 10월 오일쇼크가 터지면서 중단됐다. 그 후 1986년 '국민복지연금법'을 '국민연금법'으로 전면 개정하고 1988년부터 시행했다. 이는 독일의 오토 폰 비스마르크(Otto Eduard Leopold Fürst von Bismarck)가 1889년 근로자의 노년 생활을 보장하기 위해 최초로 도입한 '노령, 장애, 사망 보험법'에 비하면 100년이나 뒤진 시기다.

우리나라 국민연금 도입 당시에는 상시근로자 10인 이상 사업장을 대상으로, 이후 1992년 5인 이상 사업장, 1995년에는 농어촌거주자, 이어 1999년도에는 도시 자영업자로 범위를 넓혔다. 그러다 보니 국민연금을 받을 수 있는 사람은 베이비붐 세대에 불과하다. 가입 기간이 짧아 그나마도 노후의 인간다운 삶을 보장하는 수준에도 미치지 못하고 있다. 그리하여 은퇴한 분들은 이리저리 새로운 직업을 찾아보고 있으나 사정은 녹록하지 못하다.

은퇴한 베이비붐 세대들은 변화의 소용돌이 속에서 살아오면서 수많은 경험과 능력을 갖추고 건강한 세대임에도, 풍족한 환경에서 자란 청년 세대로부터 존경받지도 못하면서 부모를 부양해야 하는 '끼인 세대'라 할 수 있다. 그리고 이제 은퇴한 세대들은 앞으로도 2~30년 동안 건강하게 살아갈 수 있는 건강수명도 가지고 있으니, 긴 노후를 어떻게 보람 있게 살아갈 수 있을 것인가?

되돌아보건대 청년 시기에 오른팔을 잃고 삶의 현장에서 처절하게 대처해 왔던 다양한 경험들이 있었기에 오히려 다른 누구보다 더 의미 있는 삶을 살아갈 수 있었다고 본다. 노인, 아동, 장애인, 국민기초생활 수급자, 정신 장애가 있는 사람들을 위한 다양한 복지 정책을 기획하고 입안했으며, 재정·기획·법무 분야 등에 근무하면서 복지제도를 만들고 실행하고 평가할 수 있는 방법론을 터득할 수 있었다.

또한 박사과정을 거치면서 새로운 이론을 터득할 수 있었으며, 다양한 독서 활동을 통해 사회적 통념을 이해하고 나아가 자신의 인격을 다듬을 수 있었다. 이러한 경험을 통해 60세가 되어 공직에서 물러난 이후에도 현역과 같은 활동을 할 수 있었으니 참으로 감사한 일이다.

─────── 대학 교수와 복지정책 연구책임자

　　　　　은퇴 후 동명대학교에서 객원교수로 후학들을 가르칠
수 있는 영예를 얻었다. 대학 교수는 아직도 사회에서 존경 받는 직
업이지만 실제 현장에서 학생들을 가르치다 보면 어려움이 많다.
눈망울을 또렷하게 뜨고 최선을 다하는 학생이 있는가 하면, 교수
가 학생을 졸업시키기 위해 더 많은 고생을 하기도 한다. 학력 인플
레이션 현상으로 인해, 웬만하면 대학에 진학한다. 서울의 우수한
대학이나 지방이라도 국립대학 또는 평판이 좋은 대학은 그렇지 않
지만, 많은 대학이 학생을 모집하기 위해 신경을 써야 한다. 그리고
취업에도 앞장서야 한다. 강의평가도 잘 받아야 한다. 힘든 일이다.

　인구 절벽으로 학생 수는 점차 줄어들고 있는데 어떻게 할 것
인가? 교수로 재직하면서 많은 것을 고민하게 됐다. 교수의 보람
은 연구와 훌륭한 제자를 양성함에 있다고 본다. 자연과학을 공
부한다면 새로운 연구에 몰두하며 또 다른 보람을 찾겠지만 그렇

지 못한 것 같았다. 이제 점차 학생 수가 줄어들고 있으니 대학들은 학생 유치에 많은 에너지를 쏟는 것 같다. 물론 몇 년 동안 대학의 겸임교수로 근무했던 경험과 축적했던 현장의 실상과 공부했던 이론을 접목해 살아 있는 강의를 할 수 있음에 만족해야 하지만 현실은 큰 매력을 주지 못하는 것 같았다. 이러던 차에 오히려 행정 경험과 학위과정을 통해 익힌 이론 틀을 융합해 실증적 연구를 할 수 있겠다는 생각으로, 사직을 하고 부산시가 출연한 부산복지개발원 원장에 응모했다.

부산복지개발원 원장으로 취임해 현상을 진단하니 해결해야 할 과제가 두가지로 압축됐다. 먼저, 조직원의 사기와 응집력이었다. 많은 박사급 연구원들은 사기가 저하되고 상호 간의 신뢰가 없었다. 그 구체적 사실로는 조직원의 내부 만족도는 50% 수준이었으며, 당시 부산복지개발원은 다른 연구기관에 비해 보수 테이블이 낮았다. 훌륭한 인재가 모일 수 있는 여건이 마련되지 않아 사기도 저하돼 있었다. 또 하나는 연구성과가 부산의 복지 발전에 얼마나 기여하느냐의 문제였다. 부산복지개발원은 국책 연구기관이 아닌 지방화 시대에 적합한 지역의 복지 정책을 개발하고 연구하는 곳이다. 지방자치 시대를 맞아 국가와 지방의 역할 등을 연구하기보다 지역의 특성을 고려한 정책연구를 해야만 할 것이나, 그렇지 못하다고 판단했다.
먼저 시도한 것이 시대의 요구에 맞게 조직을 정비하는 일이었다. 기존의 경영기획부, 연구부로 돼 있던 조직을 기획조정실과 정책연구실로 격상했다. 기획조정실도 종전의 서무 위주 기능에서 벗어나 조직을 리드하고 부서 간 칸막이를 조정함과 아울러 복지개발원을 홍보할 수 있도록 했다. 그리고 정책연구실 산하에는 고령사회 대응부, 지역사회와 함께하는 지역사회 대응부로 개편해 두었다. 각 부장은 공모제로 하고, 각 부장에게 별도의 수당을 신설해 지급함과 아울러 책임 의식을 부과했다.

그리고 연구의 방향도 변화시켰다. 이유인즉, 빈곤 문제에 대응하는 공적부조의 역할과 시스템은 국가가 앞장서 구축해야 할 것이기 때문에 지역 차원에서 대응하기란 어렵다. 다만, 제도의 운영과정에서 나타나는 사각지대를 발굴하고 지역 차원에서 지원할 수 있는 촘촘한 복지안전망을 구축할 필요가 절실했다. 한편 중앙부처에서 만들어 준 각종 지침이 현장에서 시행되는 동안 서비스의 단절은 없는지, 그리고 각 부서에서 시행하는 정책들이 집행되는 과정에서 나타나는 법적·제도적 문제가 없는지를 연구해야 할 것이다. 정책의 시행과정에서 나타나는 제도적 문제점을 도출하고 상급부서에 건의하거나 지역 차원의 조례 등을 통한 지원방안을 연구하는 데 주안점을 두고자 했다. 한편, 정책연구 결과는 이듬해 시청 사업 주관부서의 정책에 어느 정도 반영됐는지가 주요한 평가척도가 되도록 했다. 즉 고객 중심 연구로 물꼬를 틀고자 했다.
아무리 바람직하고 이상적인 조직을 갖추고 연구 방향을 정했다 하더라도, 조직 구성원이 문제를 해결하려는 의지가 없으면 무용지물이다. 조직원의 사기를 높이려면 우선 적정한 급여가 제공되고 공정한 성과평가 척도와 구성원 상호 간 소통의 장이 마련돼야 할 것이다.

급여 수준을 높이는 것은 쉬운 일이 아니다. 부산복지개발원은 부산시가 지역에 맞는 복지 정책을 개발하고 지역 차원의 통계 패널을 구축하는 기관이다. 그렇기에 부산시가 전액 출연하고 운영비도 전액 지원한다. 그러나, 특정 기관의 인건비를 일률적으로 인상할 수가 없다.

그래서 생각해낸 방안은 이렇다. 복지 정책의 연구는 현장을 찾아 문제점을 찾아야 한다. 그러기 위해서는 다양한 복지종사자는 물론 시민의 아픔도 청취해야만 한다. 외근이 잦을 수밖에 없다. 또 현장을 다녀와 연구를 이어가려면 시간 외 근무도 불가피하다. 처우의 낮음과 이러한 현실적 사정을 예산부서에 설명하고, 집요하게 설득해 시간외수당과 출장비를 대폭 상향해 현실화했다. 1년이 지나 이를 기본급으로 전환해 자체적으로 급여 수준을 높이자, 다른 연구기관과 비등하게 맞출 수 있었다.

연구원은 기관의 특성상 책과 씨름하며 대안을 도출하기 위해 매일매일 자신과 싸우는 직업이다. 심신을 달래고자 분기별로 1회씩 소통의 날을 정해 근교를 산행하며 부서원들이 소통하게 했다. 소통 과정에서 연구원들은 크게 만족했으며, 적대감으로 바라보던 타 부서의 고충도 차츰 이해하게 됐다. 그 과정에서 한편으론 원장의 평가점수가 성과평가 결과에 크게 좌우되며 이로 인해 반목의 원인이 되고 있음을 알게 됐다. 성과평가 척도 개선을 위해 연구원들이 추천한 사람들로 성과평가 척도개선위원회를 구성하고, 이들이 개선방안을 마련토록 했다. 다만, 성과평가에 반영된 주요 항목에는 '연구성과가 부산광역시 복지 정책의 변화에 얼마나 기여하였는지'가 포함되도록 주문했다.

사실상 부산복지개발원이 마련한 정책은 국가 단위의 정책도 아니니, 새로운 모형을 제시하는 수준의 순수학문적 연구는 좀 지양했으면 싶었다. 연구 결과는 부산시의 복지 정책을 기획하고 입안하는 공무원들에게 구체적인 대안을 제시해야만 할 것이다. 종전의 연구를 보면 현상을 진단하고 문제점을 도출하며 대안 도출은 후속 연구를 바란다는 제언 수준에 머무르고 있었다. 아니다. 대안을 도출하고 필요하면 조례안이나 시행지침 골격을 마련하고 저항을 극복하기 위한 전략을 구체적으로 제시하기를 바랐다. 이러한 주문은 연구원들을 힘들게 했던 것 같다.

어느 날 석사과정을 마친 한 연구원이 모교인 경북대학교 박사과정에 입학하게 되었다. 사실상 연구원은 박사학위가 기본인데 석사과정을 마치고 입사하게 됐다. 물론 학위가 중요한 게 아니라지만, 연구원으로서 제시한 정책이 권위를 가지려면 학위도 중요하다.

바너드(Chester I. Barnard)는 상급자의 권위를 부하가 수용하도록 하기 위해서는 다음의 요건이 충족되어야 한다고 했다. 부하가 상급자의 명령 및 지시를 잘 이해해야 하고, 그 명령 및 지시가 조직의 목표에 부합한다고 믿을 수 있어야 한다. 그리고 전달된 상급자의 의사가 자신의 개인적 이익과 부합되어야 한다. 나아가 정신적으로나 육체적으로 상급자의 의사나 명령에 의심 없이 순응할 수 있는 수용권(zone of acceptance)에 들어감으로써 준수될 수 있다고 했다.

이처럼 연구한 정책이 권위를 가지려면 학위도 중요한 것이다. 그런데 이 친구가 부산에서 대구까지 학교 수업을 위해 일주일에 두 번씩(평일과 토요일)이나 자리를 비워야 했다. 토요일은 휴무일이니 차치하고라도, 한 주간에 한나절은 자리를 비워야 했다. 어떻게 할 것인가. 연가를 쓴다고 한다. 말이 연가지 그것도 쉬운 일이 아니다. 많은 연구기관 등이 조직원의 발전과 사기 앙양을 위해 유학을 보내주기도 하는데 안타까웠다. 그리하여 생각해낸 방안이 토요일, 공휴일 그리고 밤늦게까지 유연하게 일하며 공부할 수 있도록 유연근무제를 도입하는 일이었다. 변화에는 항상 저항이 따르는 법, 일부의 저항도 있었다. 나는 월요일부터 목요일까지 밤늦게까지 일하고 금·토·일요일을 쉬겠다는 주장이다. 일리는 있다. 그러나 아직은 시기상조다. 반대하는 직원을 설득함과 아울러, 과감하게 공부하라는 차원에서 결단 끝에 이 연구원의 고충을 들어주었다.

당시는 시기적으로 '사회복지사업법'에 따라 각 자치구가 지역

사회복지 5개년계획을 수립하는 시기였다. 이를 위해 각 자치구는 계획수립을 위한 용역사업비를 예산에 계상하고 있었다. 부산시 산하 자치구 복지 정책의 실상을 살펴보고 부산시의 계획에 부응하는 지역사회복지 5개년계획을 수립하면 좋겠다는 판단과, 연구원의 현상 진단을 통한 연구력 향상 차원에서 한 사람의 연구원이 1개 자치구의 계획을 용역 수주키로 했다.

그렇게 함으로써 부산복지개발원의 용역수익도 확보할 수 있었으며, 부산시 지역사회복지 5개년계획과의 연계성을 확보함과 아울러 연구원에게는 자치구의 실상을 깊게 살펴볼 기회를 제공했다고 본다. 이 결과는 이듬해 공공기관 경영평가 결과에도 반영돼 평가 결과에 따른 성과급에도 영향을 주었다. 성과급은 모두에게 지급하는 것이라 처우 개선에도 도움이 됐다.

복지개발원 원장을 역임하면서 정책연구 결과의 질적 수준을 높이고, 조직원의 사기를 앙양함과 아울러 조직을 변화에 적합하게 개편하는 등 나름의 노력을 했다. 이 과정은 나뿐만 아니라 조직원 모두에게도 큰 변화를 가져왔다. 크고 작은 저항도 있었지만, 나의 경영방침을 열정적으로 지지해 주었던 박선희 박사, 이재정 박사, 김두례 박사, 김정근 박사 등에게 감사를 드리고 싶다. 2년여의 짧은 기간이었음에도 해묵은 과제를 해결하는 걸음이 됐다는 것에 보람을 느낀다.

───── 장애인 복지관장의 현장 경험

사회복지 정책의 입안과 실천 현장에서, 대학교수로, 공공연구기관 CEO의 경험들을 뒤로하고 이제 야인으로 돌아가고 싶었다. 그동안 못 가봤던 산하를 여행하기도 하고, 때론 책을 읽으며, 때론 남새(채소 등)를 키우며 유유자적하고 싶었다. 그러던 중 대학 선배가 운영하는 장애인 활동지원센터의 각종 규정 등 골격을 잠시만이라도 잡아달라는 간곡한 요청을 받고 센터장으로 잠시 머물 수 있었다.

그러던 어느 날 동래구장애인협회의 부회장으로 있는 친구가 내가 근무하는 사무실을 방문했다. 그 친구는 당시 동래구장애인복지관에 관리직으로 근무하고 있었다. 그 친구는 각종 교육을 가도 강사의 강의를 잘 듣지 않았다고 한다. 그런데 어느 날 내가 부산광역시 장애인복지과장으로 근무하면서 장애인복지관 직원을 대상으로 한 강의를 유심히 들었다고 한다. 거기에 반했는지 그는

"언제일지 모르지만 저런 사람과 함께 근무하고 싶은 강한 욕망을 느꼈으나 높은 자리에 있어 찾아가지도 못했다"라고 한다. 그리하여 마침 동래구장애인복지관 관장을 새로 선임하려고 하니 응시해 달라고 한다. 그리고는 거의 3개월 동안 하루도 빠짐없이 찾아와서 재촉한다.

사실은 이제 심신도 지쳤으며, 복지관장은 복지 현장에 근무하는 직원들에게는 자신이 오를 수 있는 최고의 지위인 만큼 그들에게 누가 되고 싶지 않아 완강히 거부했다. 100번이 넘게 찾아와 간곡하고 간절하게 요청하니, 마지막 일터라 생각하고 관장 공모에 응모했으며, 합격 여부는 생각도 하지 않았다. 나 역시 중증장애인이며 학문적으로 그리고 현장 경험 측면에서도 공정하다면 나를 능가할 사람이 없을 것이라 믿었으며, 설사 불합격한다면 오히려 나만의 시간을 가지고 새로운 삶을 살 수 있다고 생각했다. 이것이 동래구장애인복지관장으로서의 시작이다. 우리는 살아가며 많은 사람을 만난다. 우연이 인연이 되기도 한다. 늘 신중하며 냉철해야 할 것이다.

장애인복지관은 최일선의 복지 현장이다. 각 지방자치단체가 장애인복지관을 건립해 운영하고 있으나 그 규모나 프로그램은 각양각색이다. 장애인복지관은 장애인을 위한 다양한 프로그램은 물론 정보 교류의 통로다.

서구청 부구청장으로 보임을 받아 근무할 때 제일 먼저 내게 주어진 과제가 장애인복지관을 신축하는 일이었다. 당시 구청장께서는 거의 700평 정도 되는 부지를 장애인복지관 용도로 매입해놓았다. 1~200평 정도의 다른 자치단체의 복지관에 비하면 엄청난 규모다. 부지를 제외한 건축비용은 거의 전부를 부산시로부터 지원받아야 했다. 어마어마한 재원이 소요됐다. 부산시 예산부서와 주관부서인 장애인복지과를 설득하는 일이 중요했다.

사실상 지금까지 각 자치구에서 건축한 장애인복지관은 우리 구에도 장애인복지관이 있다는 구색 맞추기에 불과했다. 기껏해야 1~200평 정도의 부지에 세워진 건물이다. 제대로 된 장애인복지관을 완성할 수 있어 큰 보람으로 여겼다. 이 과정에서 자기 일이라 생각하고 주변 민원은 물론 주민을 설득하는 일에 앞장서 주신 서구 장애인협회 김양서 회장에게 감사드린다. 그는 해군 UDT 출신으로 군 근무 중 특수부대에 편성돼 생사를 넘나들던 업무에 종사했던 분이다. 원숭이도 나무에서 떨어지는 법, 백전의 용사지만 전역 후 폭발사고로 왼쪽 팔을 잃은 아픔을 겪기도 했다. 해군 부사관 선배로서 존경하지만, 잘못된 일에는 NO라고 해도 그것이 좋다고 한다.

내가 근무하던 동래구장애인복지관은 규모가 협소하다. 직원들이 대화하고 소통할 수 있는 공간도 부족하다. 그래도 있을 것은 다 있어야 한다. 관장실, 사무실, 상담실, 의무실, 식당, 프로그램실, 강당, 목욕시설 등이 갖추어야 한다. 복지 공간을 정비해 가정에 머무는 장애인들이 쉽게 이용할 수 있는 환경을 조성해야 한다. 변화환경에 맞는 프로그램을 운영해야 한다. 그리고 직원들의 사기를 앙양해야 한다. 이것이 내게 주어진 관장의 역할이다. 어떻게 할 것인지 고민을 해야 했다.

사회복지서비스는 휴먼서비스다. 사람이 사람에게 제공하는 서비스다. 양질의 서비스를 제공하기 위해서는 서비스를 제공하는 인력의 사기가 중요하다. 사기를 높이는 방법은 충분한 급여를 제공하고 복지수준을 높이는 일이다. 그러나 급여나 휴가 등의 경우 대부분을 정부 지원에 의존하기 때문에 관장의 능력으로는 한계다. 내가 할 수 있는 방법은 없을까?

우선, 직원들의 휴식과 소통 공간을 확보하는 일이다. 이를 위해 나는 기꺼이 관장실을 겨우 책상 하나만 놓을 수 있는 공간으로 옮기고 그 공간을 직원의 소통 공간으로 활용하기로 했다. 잘한 일이다. 그리고 변색된 청사 공간을 깨끗하게 정비했다. 현재 동래구장애인협회 회장으로 근무하고 있으며, 당시 관리 직원이었던 친구 남기정과 함께 직접 바닥을 새로 깔기도 하고, 식당이며 청사 내외를 직접 붓을 잡고 페인트로 깨끗이 도색했다. 오래된 엘리베이터 내외부를 시트지로 새로 옷을 입혔다. 청사 외부 벽면에는 미술 선생님과 인근 학생들을 자원봉사로 초빙해 아름다운 그림으로 단장했다. 새 단장을 하니 기분도 좋았으며 찾아오는 클라이언트는 물론 직원들의 얼굴도 밝아 보였다.

환경을 정비하고 분기별로 소통의 날을 지정해 운영키로 했다. 예전에는 직원들이 일과 후 회식을 하거나 토·일요일을 이용해 산행 등을 통해 소통하는 관행이었다. 요즈음은 그렇지 못한다. 생각해낸 방법이 부서별로 각 한 명을 차출해 이들이 한나절을 소통하도록 했다. 영화도 좋고 둘레길 산책도 좋다.

오래전 이런 영화를 본 적이 있다. 한 목수가 심장이 좋지 않아 의사에게 진료하니 1년 정도 일하지 말고 쉬라고 권유했다. 하지만 일을 하지 못하니 실업수당을 받아야 한다. 실업수당을 받기 위해 나름의 구직활동을 하게 된다. 이율배반이다. 실업수당을 지급하는 담당자는 구직활동을 한 실적을 요구하고, 의사는 일하면 죽을지도 모른다고 경고한다. 우여곡절 끝에 실업수당을 지급하는 공무원과의 면접을 앞두고 흥분된 상태에서 화장실에서 쓰러져 면담도 받아보지도 못하고 죽게 된다. 제도의 모순에서 오는 비극을 묘사한 영화로, 이러한 영화를 보라는 뜻이다. 제도 간의 모순으로 사각지대의 클라이언트가 없는지를 고민하라는 의도였다. 단풍이 물들거나 녹음이 우거진 산하를 걸으며 사색해 보라는 뜻이었다. 건강한 신체에 건강한 정신이 깃든다는 말을 체험해 보라는 의도다.

어느 날 복지관에 부설한 목욕탕 보일러가 갑자기 고장이 났다. 직접 현장에 뛰어들기 전에는 장애인복지관의 목욕탕의 효용에 대해 다소 부정적 생각을 한 적이 있다. 그러나 손발이 없는 장애인, 그리고 사지가 마비된 장애인 등은 시중의 목욕탕을 이용하기가 어렵다. 한편, 중증의 장애인들은 보호자가 없으면 목욕을 할 수가 없다. 특히 중증장애인은 목욕이 중요한 재활치료 역할도 한다. 실보다 득이 많은 기능을 수행한다. 갑자기 목욕탕이 고장이 났으니 내년도 예산편성 때까지 기다리기도 어렵다. 백방으로 노력한 끝에 한국주택보증공사로부터 거액의 지원을 받아 목욕탕을 완전하게 보수할 수 있었다. 고마운 일이다. 이 일에 앞장서 주신 이재강 국회의원께 감사하다.

우리 주변에는 휠체어며 목발, 확대경, 보청기, 그 외 다양한 보장구를 임대하거나 보급하는 사업들이 많다. 그러나 휠체어 하나를 빌리고 싶어도 의사 진단서나 장애인 수첩을 요구한다. 갑자기 다리를 다쳐 보행이 어렵거나 보장구를 체험하고 싶어도 의사 진단서나 장애 수첩이 없으면 이용할 수 없다. '이게 무슨 개떡 같은 제도인가'라고 반문하고 싶다. 이즈음 부산시청에서 시행하는 나눔 공모사업이 있었다. 직접 기안하고 제안설명을 해 부산시민이면 누구나 보장구를 빌리거나 무료 체험할 수 있도록 보장구센터를 만들었다. 보장구센터를 만들기 위해서는 일정한 공간이 필요하다. 그 공간도 접근성이 좋아야 한다. 궁리 끝에 복지관 마당에 컨테이너로 가설건축물 신고를 하고 공간을 확보했다. 보장구센터의 활성화를 위해 중앙보장구센터와 네트워크를 구축하고 새로운 보장구를 소개하거나 어린이들 견학 프로그램을 마련하기로 했다. 이용자가 원하는 서비스를 찾아보면 무한하고 할 일도 태산 같다. 그러나 복지 현장은 돈이 없어서, 사람이 부족해서 등의 이유로 포기하고 만다. 가슴 아픈 일이다.

이지훈 작가는 『혼창통』이라는 책에서 성공한 사람들의 공통적인 특성을 다음의 세 가지로 들고 있다. 비전이나 신념을 가지고 있느냐, 창의적인 사고가 있느냐, 많은 사람을 만나고 소통했느냐고 묻는다. 그 예로 1588년 칼레해전에서 스페인의 무적함대를 무너뜨리고 해가 지지 않는 나라로 등극한 영국을 예로 들고 있다. 칼레해전의 영웅 드레이크는 가볍고 작은 배, 그리고 사정거리가 긴 함포를 이용해 무적함대 스페인을 무너뜨렸다. 백배 공감한다.

60세에 공직에서 물러난 후 오히려 공직에 머무는 기간보다 더 열정적인 5년의 삶을 보낸 것 같다. 은퇴 후에도 일할 수 있으니 경제적으로도 자녀가 장성해 부양 부담에서 벗어나 어느 정도 풍족했으며, 그동안 익혔던 다양한 경험과 경륜을 바탕으로 조직을 이끌 수 있어 참으로 감사한 일이었다. 이러한 경험이 은퇴 후 첫 5년의 삶이었으며, 또 다른 의미 있는 5년의 삶을 보낼 기회가 되었다.

———— 발달장애인과 함께 걸음

공직에서 은퇴 후 5년 동안 복지정책연구와 실천 현장에서 바쁘게 생활하다 이제 65세가 지났으니 물러나 나만의 시간을 갖고 싶었다. 65세가 되면 노인이란다. 지하철도 무료로 탈수 있고, 연금을 받으며, 기초연금도 지급한다. 나도 이제 노인의 반열에 들어선 것이다. 이제 내려놓고 자유롭게 여행하며 책을 읽거나 채소며 나무를 가꾸며 살고 싶었다.

하지만 세상사 자기 뜻대로만 되지 않는다. 이즈음 오래전부터 발달장애인의 복지를 자문하며 문제를 토론하던 사회복지법인 나사함복지재단 방대유 대표의 간곡한 요청을 받았다. 발달장애인의 안전한 주거를 위한 사회주택 마련 사업을 도와달라는 것이다. 부모 사후에도 이들이 안전하게 주거생활을 하고 여가생활을 할 수 있는 시스템을 구축하는 일이었다. 냉정하게 뿌리치기가 어려웠다. 그동안 익힌 경험과 지혜 그리고 전문가적 능력을 이들을 위해 써달라는 부탁이었다.

요청을 받고 많이 망설였다. 이제 물러날 때가 되었으니 오래 남으면 추하게 보일 것도 같다. 은퇴 후의 긴 노후를 대비해 퇴직금으로 마련한 놀이터가 될 시골의 밭으로 갈 기회가 점점 멀어져 가는 것 같았다. 놀이터를 위해 농막 설치를 신고하고 각종 채소며 밤, 감, 호두, 두릅, 더덕 등을 심어두었다. 머릿속에 자라는 모습이 아른거리기도 했다.

아른거리는 기대를 잠시 미루고 발달장애인의 행보에 함께 하려니 많은 부담이 뇌리를 스친다. 과제를 추진하는 과정에서 공공기관이나 관공서 등을 오가야 했으며 현장의 아픔을 설명하고 설득해야 하니 후배들에게도 부담이 될 것 같았다. 급여가 적다고 거절하는 것 같은 오해를 주기도 싫었다. 하지만 다양한 경험과 추진 의지 없이는 성사되기가 어려운 과제였다. 궁리 끝에 탱크처럼 일하며 복지시스템에 해박하며 전문지식이 풍부한 후배 고재수 박사에게 함께할 것을 요청하였다. 요청을 받은 고 박사는 개방적인 이사회 구조가 아니면 절대로 못 하겠다고 한다. 이 법인만큼 민주적으로, 그리고 이사회의 기능이 민주화된 법인이 없음을 알리고, 강권으로 요청해 함께한 지가 어언 5년이 지났다.

먼저, 발달장애인이 온전하게 홀로 살아갈 수 있을까? 모든 장애인이 일상생활에 많은 어려움을 느끼지만, 그중 어떤 장애인들은 혼자서 살아가기가 어렵다. 지체장애인의 경우 이동이나 활동에 상당한 제약을 받지만, 세계적인 학자나 지도자가 많다. 지체장애인으로 세계를 움직인 대표적인 인물은 영국의 천체 물리학자 스티븐 호킹(Stephen William Hawking), 미국 역사상 유일한 4선 대통령인 프랭클린 델러노 루스벨트(Franklin Delano Roosevelt)를 들 수 있다. 우리가 잘 아는 헬렌 켈러(Helen Adams Keller)는 최초의 시각, 청각장애인으로 인문학 학위를 받은 사람이다. 그 외에도 장애의 아픔을 딛고 인류사의 발전에 공헌한 분들이 많다.

　장애인으로 살아간다는 것은 어려운 일이다. 신체적 기능의 장애로 꾀꼬리 같은 어린 자녀의 목소리도 들을 수 없는 청각장애인이 있는가 하면, 아리따운 자녀와 아내 그리고 남편, 대자연의 아름다움을 볼 수 없는 시각장애인도 많다. 이들의 삶의 과정은 전쟁터와 같다. 태풍이 몰아치거나 폭우가 내리는 날 출근한다고 생각해 보라. 비장애인은 우산을 준비해야 할 것인지 대중교통을 이용할 것인지 고민한다. 하지만 휠체어를 타는 장애인, 앞을 보지 못하는 장애인은 어떻게 할 것인가? 회사를 가지 않아도 먹고 살 돈을 누가 주는가? 국가에서는 수급비를 주고 있다고 항변할 것이다. 그러나 아니다. 본인이 선택한 장애가 아니기 때문이다. 원인 모를 선천성 질환일 수도 있고, 국가가 환경이며 식품, 의료, 교통, 그리고 산업현장의 안전한 관리의무를 다하지 못했을 수도 있다. 국가 개입의 필요성이다.

　대부분의 장애인이 삶 자체를 전쟁처럼 살아가고 있지만, 자율적으로 판단하며 살아갈 수 있다. 그러나 우리를 더욱 마음 아프게 하는 것은 중증 발달장애인은 그렇지 못하다는 것이다. '발달장애인 권리보장 및 지원에 관한 법률'에 따르면 발달장애인은 다음의 장애인을 말한다.

첫째, 지적장애인으로 정신 발육이 항구적으로 지체돼, 지적 능력의 발달이 불충분하거나 불완전해 자신과 관련한 일을 처리하는 것과 사회생활에 적응하는 데 상당히 곤란한 사람이다. 둘째, 자폐성 장애인으로 자폐증에 따른 언어·신체 표현·자기조절·사회 적응 기능 및 능력의 장애로 인해 일상생활이나 사회생활에 상당한 제약을 받아 다른 사람의 도움이 필요한 사람이다. 그리고, 통상적인 발달이 나타나지 않거나 크게 지연돼 일상생활이나 사회생활에 상당한 제약을 받는 사람이다. 다시 말하면 자기 주도적으로 혼자 세상을 살아가기가 어려운 사람이다.

정태규 작가는 루게릭 질환의 진단을 받은 장애인이다. 그는 국어 교사로, 소설가로, 한 여자의 남편이자 가장으로 누구보다 성실한 삶을 살아왔다. 그러나 일상이 순식간에 산산조각 났다. 그는 혼자서 먹거나 배설할 수도, 좋아하는 소설을 쓰기 위한 펜을 들 수도 없었다. 온몸의 근육이 소실돼 한겨울 얼음장 물에 뛰어든 것 같은 극심한 통증을 느끼는데도 정신은 말짱한 생지옥, 최소한의 인간적인 삶을 누릴 권리를 박탈당한 참혹한 절망감에 빠졌다. 전신이 마비돼 먹지도, 말하지도 못 하며 호흡기를 달고 숨을 쉰다. 두 눈을 깜박이는 것 말고는 자신의 의지대로 할 수 있는 일이 아무것도 없다. 그럼에도 아직 깜박일 수 있는 두 눈으로 '안구 마우스'라는 장치에 의지해 글을 쓰고 세상과 소통하며 죽음의 문턱에서 깨달은 생의 기쁨과 희망의 메시지를 전하고 있다. 그에게 소설 쓰기는 제법 진지한 혼자 놀기이며 궁극적으로 나의 존재에 대한 증명으로 살아 있는 느낌이며, 아픔과 슬픔, 기쁨 등을 교감하는 일이다. 이제 소원대로 그는 전업 작가가 됐다[1]. 하지만 그는 작품을 통해 주도적인 삶을 살아가며, 세상을 밝히고 있다.

　그러나 발달장애인은 그렇지 못하다. 발달장애인들은 사지가 멀쩡하다. 혼자 뛰어다닐 수도 있다. 혼자 밥을 먹을 수도 있다. 옷을 입을 수도 있다. 이러한 신체적 특성으로 인해 사회적 관심을 유발하기도 어렵다. 정부에 외치며 투쟁할 수도 없다. 이들의 인간다운 삶의 보장은 오로지 타인의 몫이다. 이러한 와중에 탈시설화 정책은 이들의 생존권을 위협한다.

　한국장애인단체총연맹 주최로 '장애인 탈시설화 지원법'의 현재와 향후 과제를 주제로 리더스 포럼을 개최한 적이 있다. 당연히 논의 주제는 탈시설화 정책이다. 시설에서 생활하는 장애인들을 지역사회에서 함께 생활토록 하자는 게 골자다. 법안을 발의

1　에이블 뉴스, 2024. 12.3

한 국회의원은 비록 지역사회 인프라가 부족하지만, 중증장애인을 중심으로 구성된 장애인 자립생활지원센터, 발달장애인센터, 보건소 등이 연계해 이들을 보호할 수 있는 시스템을 구축하면 충분히 가능할 것이므로, 이에 대한 법적 근거도 마련돼야 한다는 취지로 제안했다. 누가 이 법안에 반대할 것인가. 이 법안에 적극적인 지지 의사를 보이는 단체는 장애인 자립생활지원센터 구성원이다. 이들의 대부분은 중증 신체 장애인들이다. 이들은 이동권 보장을 요구하며 지하철역에서 대대적인 시위를 해 언론의 주목을 받은 바 있다. 누구나 지하철이나 철도, 그리고 버스 등 대중교통을 쉽게 이용할 수 있는 보행환경이 구축돼야 할 것이며, 장애인 모두 자기 결정권을 가지고 독립적인 생활을 할 수 있는 환경이 구축돼야만 선진국이라 할 수 있다.

그리하여 정부는 2021년 8월 국무총리 주재로 제23차 장애인정책 조정위원회를 개최하고 탈시설 장애인 지역사회 자립 지원 로드맵을 확정해 발표하였다. 그중 하나는 거주 시설의 신규 개소를 금지하며 2041년에는 지역사회 전환을 마무리하겠다는 내용이다. 로드맵은 거창하고 이상적이다. 그러나 정부의 로드맵이 발달장애인을 위한 정책과는 다소 거리가 먼 것 같다.

우선, 오로지 탈시설화를 부르짖는 목소리 큰 단체에 정부가 휘둘리고 있는 게 아닌가 싶다. 지금도 고령이나 부모 사망 등으로 오갈 데 없는 발달장애인이 많다. 시설에 가고 싶어도 6개월이나

1년을 대기해야 한다. 이러한 현실에도 불구하고 국가와 지방정부 누구 하나 고민하지 않고 있다. 개탄스럽다. 일선의 공무원들은 책임의 문제로 용기를 내지도 못한다. 감사를 받아야 한다. 혹시 사고라도 나면 온 언론이 선정적으로 도배를 한다. 국가가 오히려 걸림돌이다. 사회보장위원회나 감사부서, 실무부서, 고통을 겪고 있는 당사자인 보호자 등이 머리를 맞대야 한다. 언론도 마찬가지다. 선정적인 보도는 지양해야 한다. 경찰도 마찬가지다. 사고라도 나면 직권남용으로 처벌하기 일쑤다. 누가 발 벗고 나서겠는가. 발달장애인 부모는 당사자가 아니다. 보호자일 뿐이다. 당사자처럼 목숨 걸고 투쟁하지 못한다. 사고라도 치면 항상 죄인처럼 미안하다, 죄송하다, 용서해 달라고 울부짖을 뿐이다.

장애인의 안전한 삶과 관련한 활동지원사업을 살펴보자. 노인, 장애인 등의 보호와 사회참여를 위해 정부는 '노인 장기요양보호사업'과 '장애인 활동지원사업'을 시행하고 있다. 두 제도는 유사한 점이 많다. 닮은 것 같지만 그 대상이 다르며 재원 확보 방식, 그리고 그 목적도 다르다. 노인 장기요양보호는 보험 재정으로 운영되며, 장애인 활동지원사업은 정부 재정에 따른 바우처 방식이다.

한편, 노인 장기요양보호는 안전한 보호에 중점을 두고 있으나, 장애인 활동 보조는 사회적 활동을 지원함에 그 목적이 있다. 두 제도의 유사점과 차이점을 말하고자 함이 아니다. 문제는 대상자의 적격 여부와 서비스 제공 시간을 평가하는 과정에서 두 제도 모두 신체활동 위주의 평가 기준에 크게 의존한다는 점이다. 노인의 경우, 치매 노인과 와상 노인을 비교해 보자. 와상 상태에 있는 노인과 중증 치매 상태의 노인 보호를 비교해 볼 때 어느 쪽이 더 어려운가? 치매 상태라 하더라도 상태가 호전되거나 간헐적으로 혼자 외출을 할 수 있고, 혼자 식사나 옷을 갈아입고 양치질 등을 할 수도 있다. 그러나 와상 노인은 타인의 도움을 전적으로 받아야만 한다.

하지만 중증 치매 상태의 경우 24시간 보호자의 시야에서 벗어날 수 없다. 어떤 사고가 날지 모를 일이다. 그럼에도 불구하고 평가척도에 따른 요양 인정점수는 상대적으로 훨씬 불리하다. 장애인 활동 보조도 마찬가지다. 중증 발달장애인이라도 혼자 버스나 지하철을 이용할 수 있다. 조금만 도움을 주면 옷을 갈아입거나 식사도 스스로 할 수 있지만, 와상 상태의 장애인과 비교했을 때 어느 쪽이 더 많은 보호가 필요한지는 비교할 수 없다. 소위 말하는 움직이는 화약고니까. 이 제도 또한 평가척도에 따른 활동 보조 인정 시간은 훨씬 불리하다. 즉 'Mental' 위주의 평가척도보다 'Physical' 위주의 평가척도에 의존하기 때문이다. 이 척도도 바꾸어야 한다.

발달장애인도 탈시설화를 통해 활동 보조 지원을 받으며 지역 사회에 홀로 살아가도록 하라는 취지에는 공감한다. 비장애인과 함께 지역사회에서 살아가야 할 것이다. 그러나 현실은 그렇지 못하다. 발달장애라 해도 종전의 등급인 3급 정도면 의·식·주 면에서 어느 정도 독립생활을 할 수 있다.

그러나, 경험에 따르면 문제가 많다. 세상 사람들이 이들을 악용하는 경우다. 특히 여성은 더욱 그렇다. 의·식·주만이 아닌 삶을 지지할 수 있는 시스템이 마련되어야 한다. 반면에 중증 발달장애인의 경우 장애의 특성상 사실상 지역사회에서 혼자 주거생활을 하기가 불가능하다. 포럼에서 발달장애를 둔 한국장애인부모회 고선순 회장은 말한다. 보거나 듣지도 못하고 의사소통도 어려운 마흔 넘은 자식이라도 시설에 보내고 싶은 부모가 어디에 있나? 자식이 부모를 때려도 내 새끼이니 밥을 먹인다. 부모가 죽을 때 시설이 없으면 지역사회로 보내라 한다. "지역사회 누가 내 자식에게 밥을 주느냐"라고 절규하고 있다. 탈시설화를 통해 점차 이들을 지역사회로 돌려보내겠다는 근본 목표는 바람직하다고 본다. 그러면 이들을 위한 보호 공백은 어떻게 할까? 실상은 오로지 부모 또는 가족의 책임뿐이다.

고등학교 시절, 이종사촌 누님댁에서 잠시 머문 적이 있다. 누님댁에는 나보다 한 살 위인 조카가 있었다. 그 조카는 경상대학교 사범대학 국문과에 수석으로 합격해 잠시 교직 생활을 했다. 결혼해 낳은 첫 아이가 발달장애인이다. 아마 출산 과정에서 자연분만을 유도하다 산소결핍으로 뇌 기능에 손상을 입은 것 같다.

이 아이를 어떻게 할 것인가? 하늘이 무너질 일이다. 조카의 남편은 일본의 동경대학교에서 박사학위를 취득하고 동아대학교 교수로 재직하던 중 연구 과정에서 '천년 약속'이란 브랜드의 술을 개발했다.

'천년 약속'은 부산 해운대에서 개최된 APEC 정상회의의 건배주로 채택된 적도 있다. 그는 이 술을 개발하고 받은 로열티(royalty) 전부를 아이들을 위한 보금자리를 운영하는 데에 투자했다. 두 부부가 함께 뛰어들어 완성한 보금자리다. 가까이서 지켜보니 눈물겨운 과정이었다. 그동안의 힘겹고 서럽고 눈물겨운 과정을 토로한다.

아이들의 식사 시간은 11시부터 오후 3시까지라 한다. 적은 보호 인력으로 한 사람 한 사람에게 맞춤형 식사를 하도록 하니 부득이하다고 한다. 일선 공무원들께서 높은 사람 방문하면 수행만 하지 말고 이 과정을 지켜보라는 말이다. 무엇이 문제인지 말이다. 시설이 기존의 인식처럼 나쁜 것이 아니라는 현상을 보라는 것이다.

처음 장애인복지팀장을 맡고 복지시설을 방문한 적이 있다. 수녀님이 운영하는 영유아 전담 시설이다. 이 시설에서 학령기가 되면 청소년이 머무는 시설로 옮겨간다. 이 과정에서 아이를 돌보는 수녀님들은 다른 시설로 보내기 위해 아이와 이별을 해야 하는 아픔을 겪고, 심지어 며칠 동안은 아이는 물론 돌보던 수녀님들 모두가 식음을 전폐한다고 한다. 가슴 아픈 일이다. 함께 고민해보아야 할 것이다. 현장을 방문해 문제를 해결하려는 의지와 노력이 있어야 할 것이다. 물론 어렵고 힘든 일이다.

나는 부산 출신으로 현대의 질곡과 민중의 고통을 소설로 형상화한 민족 문학인이었던 요산 김정한 선생님을 좋아한다. 그의 문학비에는 이러한 구절이 있다. "사람답게 살아가라. 비록 고통스러울지라도 불의와 타협한다거나 굴복해서는 안 된다. 그것은 사람이 갈 길이 아니다"라고. 처음에 사고로 팔을 잃었을 때의 분노와 아픔들이었지만 이러한 일들을 통해 나의 삶을 지금까지 이끌었다고 본다.

발달장애인을 위한 최초의 독립 주거 모델 구축

　　　　내가 소속된 법인에서는 발달장애인을 위한 공동생활 가정을 운영하고 있다. 공동생활가정은 네 명의 발달장애인이 재활 교사의 도움을 받으며 생활하고 있다. 문제는 협소한 25평 정도의 공간에 장성한 네 명의 장애인과 재활 교사가 머무르니 집이 비좁다. 자신만의 사적공간이 없다. 장애의 특성상 상대방에 대한 배려가 부족하니 간혹 심하게 다툰다. 아침이면 화장실 쟁탈전이다. 발달장애의 특성상 이들은 샤워기를 틀고 혼자만 즐기기를 좋아한다. 평생 자신만의 공간을 가지지도 못한 채 서비스 제공자의 의지대로만 살아야 할 것인가?

　이러한 문제점을 해소하고자 법인이 소유한 양산시 소재 부지에 이들을 위한 보금자리를 마련코자 했다. 담당 부서를 방문하여 취지를 설명하고 보금자리 건립에 따른 지원을 요청했으나 요지

부동이다. 사회복지법인 나사함복지재단 방대유 대표의 평생소원은 '아이들을 사람답게 살도록 하자'는 것이다. 한국토지주택공사에 사회주택공급사업의 측면에서 장애인을 위한 주거공간을 확충해 달라고 요청했다. 지성이면 감천이란 말이 있듯이, 당시 한국토지주택공사 하승호 주거복지본부장께서 적극적인 지원을 해주셨다. 이분과 법인의 대표는 아무런 인연도 없었다. 이 역시 측은히 여기는 사고가 없다면 절대 이루어질 수 없는 일이다. 여러 번의 협의와 실무 접촉을 통해 10세대 규모의 장애인 전용주택을 공동생활가정으로 사용하도록 승낙받았다.

그러나 이 과정에서 난관을 만나게 됐다. 우리 법인에서는 흩어진 두 개의 공동생활가정을 이곳으로 이전해 쾌적한 공간에서 생활할 수 있도록 하자는 의미에서 지방자치단체에 이전을 협의했다. 10세대 규모의 다가구 주택으로 공동생활가정의 정원이 네 명이니 두 개의 공동생활가정을 함께 이전해 8가구를 장애인의 독립 주거공간으로 제공하고, 두 개 공간은 각각의 프로그램실로 활용하면 안전이며 보호 공백 등 모든 문제에 대처하기가 유리하다고 판단했다.

그런데, 장애인복지사업지침에 딱 한 줄 언급된 "다수의 공동생활가정이 밀집되지 않아야 한다"라는 규정을 이유로 함께 설치하는 것은 맞지 않다는 점이 지적됐다. 그리고 공동생활가정은 각 개인에게 독립된 주거 공간에 설치하지 말고 아파트와 같은 동일

장소에서 생활하도록 해야 한다는 주장이다. 이 과정에서 자치구는 부산시로, 부산시는 보건복지부로 질의하며 오랜 시간을 허비했다. 최종적으로 보건복지부는 지방자치단체가 판단하라는 답변을 했으며, 지방자치단체는 지금까지 가지 않았던 길이라 완강히 거부했다.

우리는 AI 시스템을 도입해 이용자의 안전조치를 하겠다고 했다. 이를 위해 국내의 AI를 활용한 안전 시스템 구축사례를 전부 조사했다. 이들의 인권 문제라 각 실내에 CCTV를 설치할 수도 없었다. 물론 각 실내에 CCTV를 설치하고 각 재활 교사가 영상으로 확인하는 대신 갑자기 쓰러지거나 호흡이 중단되는 등 위기가 발생하는 경우 알람기능으로 대체할 수 있었지만, 이 시스템도 허락을 받을 수 없었다.

궁리 끝에 모 통신사의 스마트 지킴이 기기를 구입하기로 했다. 이 시스템은 착용자의 현 위치를 탐색할 수 있으며, 갑작스럽게 쓰러지거나 호흡 중단 등 위기가 발생하는 경우 재활 교사에게 실시간으로 알람기능을 수행하게 된다. 우리는 '탈시설화 사업으로 허허벌판인 지역사회에서 홀로 생활하게 하는 정책을 펴면서 안전보장을 위한 시스템을 확충하고 재활 교사가 바로 옆방에서 대응할 수 있는 시스템을 갖추었음에도 반대하는 논리는 부당하다. 그리고 이용하는 장애인의 행복을 위해서는 필요한 조치다'라고 설득했다.

이러한 설득에 자치구에서는 추후 감사가 두려워 적극 행정 면책 규정에 적용되는지를 질의하게 됐으며, 부산시 감사부서는 이를 수용해 이전 설치 신고를 득하게 됐다. 탈시설화 정책의 핵심이 장애인을 지역사회로 내보낸다고 하면서 재활 교사가 바로 옆방에 상주하며 일상생활 훈련과 야간안전을 책임진다고 하는데도 강력하게 반대하는 것은 모순된 정책이다.

　다행히 2년여 기간에 걸쳐 관계 부서를 설득하여, 가까스로 쾌적한 주거공간을 마련할 수 있었다. 1인당 주거 면적이 10평 정도 된다. 개별 침실이며 거실, 화장실, 냉장고가 비치돼 있으며 이곳에서 독립생활을 하는 훈련을 할 수 있다. 부모뿐만 아니라 입주 장애인 모두 매우 만족해한다. 화장실 문제로 싸울 필요도 없다. TV 시청과 사유물을 둘러싼 다툼도 없다. 만족해하며 나름의 여가생활과 독립생활을 즐기는 이들의 모습을 보니 그동안의 어려움은 추억이 되었다.

　장애인의 행복한 삶을 지원하기 위해, 상급부서는 규정을 만들고 하급부서는 상급부서의 규정에 맞춘 집행을 하고 있다. 그러나 정책을 시행하는 과정에 문제는 발생하기 마련이다. 문제가 발생하면 상급부서에 건의하고 상급부서 역시 문제에 대한 답을 찾아 수정하고 개선하는 노력이 있어야 할 것이다. 지침이나 법이 아니라 사람이 중심이 돼야 할 것이다. 대통령이 뽑으라면 전봇대도 뽑으면서 힘없고 어려운 이들의 외침에는 귀를 기울이지 않는 것은 옳지 않다.

공동생활가정 운영과 관련해 또 하나의 해결과제가 남아 있다. 공동생활가정 이용자들은 주간에는 복지관 프로그램을 이용하거나 간단한 소일거리로 하루를 보낸다. 하지만 주중의 공휴일이나 토요일 또는 일요일은 본 가정으로 돌아간다. 어렸을 때는 몰라도 청년이 된 이들이 본 가정으로 돌아갔을 때가 문제다. 간헐적으로는 문제가 없으나 매 주말에 가정으로 돌아가면 온 식구가 이들의 보호에 매달린다. 부모님이 없거나 연로한 경우와 맞벌이 가정은 더 큰 부담이다. 주말에 가정으로 돌아갈 수 없는 이들을 위해 주말 보호 체계를 구축하는 일이 과제다. 그러기 위해서는 별도의 보호 인력이 필요하나, 그 재원이 문제다. 재원 확보를 위해 여러 차례 관계기관의 문을 두드린 결과 이제 이 사업도 시작의 문이 열렸으니 기쁘다.

이 기회에 주말 보호 등과 관련해 아쉬운 점을 이야기해 보고자 한다. 대부분 직장인은 월요일부터 금요일까지 일터에서 처절한 생존경쟁을 한다. 주중에 열심히 일하고 주말이면 도서관이나 복지관 그리고 문화회관 등에서 다양한 여가생활을 즐기고 싶어 한다. 그러나 '공공' 명칭이 붙은 기관은 대부분이 주말에 문을 열지 않는다. 많은 예산을 투입해 설치한 시설들이 사장되고 있다. 출퇴근 요일을 조정하든, 그렇지 않으면 별도의 수당을 지급하든 시민에게 유익한 시설은 연중 운영돼야 할 것이다. 바로 이렇게 하지 못하는 것은 공공의 실패다.

우리나라 장애인복지제도의 구축은 대부분이 부모의 노력과 절규 그리고 십시일반의 갹출로 시작됐다. 그중 발달장애인을 위한 제도는 더욱 그러하다. 발달장애인을 둔 부모들은 한결같이 자녀보다 단 하루라도 더 살다가 죽기를 원한다. 발달장애의 특성상 분노를 조절하지 못해 자녀로부터 폭행을 당하고 살아감에도 평생의 업으로 여기며 산다. 가슴 아픈 일이다.

　이제 독립생활을 위한 주거 공간을 마련했으니 법인이 소유한 양산에 소재하는 토지를 팔아서, 그 재원으로 사람이 사는 살아 있는 도심에 다목적 여가 및 복지시스템을 확충하는 일이 필요하다. 다목적 시설에는 중증의 발달장애인 4~5명이 기거하면서 24시간 도움을 받음과 아울러 문화나 여가를 체험하며, 발달장애인의 양육과 진로 등을 종합적으로 지원하는 플랫폼을 구축해야 한다.

　온전히 서지도 못하는 중증 발달장애인 손녀를 둔 김종해 시인은 시로서 장애인을 둔 부모의 마음을 대신한다. 중증 발달장애아를 둔 많은 가족이 이처럼 절규하고 있다.

　하지만 정부의 손길은 너무나 멀리 있다. 우리라도 나서야 한다. 이와 같은 아이들을 위해, 가정과 같은 소그룹 공간에서 치료받으며 그들 나름의 삶을 살아갈 수 있는 주거와 치료, 그리고 놀이가 겸비된 공간을 구축하고 싶다는 말이다.

이를 위해서는 우선 부동산 경기가 회복돼 부지를 매수할 분들이 나타나야 할 것이다. 선한 사업이라 이도 잘 해결되리라 믿는다. 복합시설을 건축함에 있어서는 적정부지를 확보하고 민원 문제에 대처함과 아울러 관계기관의 재정적인 도움도 있어야 할 것이다. 마무리를 위해 오늘도 이 사람 저 사람을 만나며 건축과 운영에 관한 지식을 배운다. 두드리면 열릴 것이다. 제아무리 두꺼운 문이라도 두드리면 열리게 돼 있다.

아픈 손녀를 위한 기도

김종해

완전하지 않음이
모자람이 아니게 하소서

혼자 일어서는 것도
힘든 피붙이와
평생을 함께 걸어가야 하는 것이
인생이라는 걸 기억하게 하소서

이 아이를 향한 사랑은
폭우처럼 쏟아지게 하시고
왜 내게라는 원망은
소나기처럼 지나가게 하소서

사랑의 천둥소리가
이 아이의 영혼을 깨어나게 하시고
약하디 약한 이 아이의 육신에도
강건함이 가없이 내려
이 아이의 땅에도

꽃과 열매를 풍요로이 맺게 하소서

이 아이도
언제나 생명을 피워내는
봄비처럼 살게 하시고
누구에게나 기쁨을 가져다주는
단비 같은 사람이 되게 하소서

그리하여
하늘 높이 다다른 무지개로
다시 태어나게 하소서.

5
부

제3의 삶,
어떻게 살까?

나에게 적합한 행복의 기준은?
배우고 익히며 건강한 삶을 살고 싶다
소중한 가족의 일원으로 살고 싶다
고마운 친구와 교류하며 감사하고 싶다
자연을 벗 삼아 살고 싶다
여행하며 즐기는 가운데 배움을 얻고 싶다

나에게 적합한 행복의 기준은?

행복(happiness)이란 '주관적 안녕감(subjective well-being)'으로 평안하다는 의미인데, 즐거움이라기보다는 오히려 특별한 사건이 없는 편안한 상태를 의미한다고 한다. 여기에는 직장, 건강, 가족 등 다양한 분야에서 자기 삶에 대한 만족도가 중요하다.

행복의 기준은 사람에 따라 다르다. 즐거운 순간순간이 반복되는 것을 행복이라고 생각하는 쾌락주의자의 행복도 있다. 자신이 정한 목표를 달성할 때의 느낌(성취감)을 행복이라고 여기는 사람도 있다. 가족이 잘 지내는 것에 만족하는 행복도 있다. 좋은 일이나 나쁜 일이 있더라도 평정심을 잃지 않는 것을 행복이라고 생각하는 사람도 있다. 어쨌든 행복은 주관적인 만족감으로 돈이나 타고난 성향 외에도 종교, 가족관계, 건강, 친구, 사회관계 등 많은 요인이 영향을 미친다고 한다. 현대인에게 "지금보다 더 행복하기 위해 필요한 것이 무엇이냐"라고 질문했더니, 나

라나 계층을 불문하고 '돈'이라고 대답한 사람이 가장 많았다고 한다.[2]

돈이 많으면 당연히 삶이 풍족할 것이다. 돈이 없어도 행복하다는 사람도 많다. 그렇지만 최소한의 인간다운 삶을 살아갈 수 있을 정도의 돈은 필요하다. 친구를 만나 매일 얻어먹는 것이 아니라 나도 한턱낼 수 있어야 한다. 가까운 분들의 길흉사도 챙길 수 있어야 한다. 그렇다면 그 기준은 무엇일까? 흔히들 말하는 중산층의 기준을 따르고 싶다. OECD(2019)에서는 중산층 기준[3]을 '중위소득 75~200%'로 정하고, 이에 속하는 인구 비중을 국제 비교하고 있는데, 해당 기준을 적용한 우리나라의 중산층 비중은 61.1%로, OECD 국가 평균인 61.5%의 평균과 비슷하다.

행복은 상대적이라고 본다. 만약 우리 집 자녀들은 취업하지도 못하고 어려움을 겪고 있는데, 친구 아들은 유명한 스포츠 선수라든지 의사라든지 변호사라든지, 아니면 유명 대기업에 취직했다는데 우리 자녀는 그렇지 못하다고 아내가 투정을 부린다면 행복할까? 의사나 변호사 또는 유명인이 아니라도 자신만의 뚜렷한 신념과 용기를 가진 자녀라면 오히려 더 행복할 것이다. 소

2 최현석, 『인간의 모든 감정』, 서해문집, 2011.
3 이영욱, 『우리나라 중산층의 현주소와 정책과제』, KDI, 2023.

득 기준을 제외한 주요 나라들의 기준은 나라마다 나름의 특성
이 있다.[4]

　결론적으로 말하면, 대부분 국가에서 정의하는 중산층의 기준
은 어느 정도의 소득요건을 갖추어야 할 것과, 중산층으로서의 사
회적 책무를 이행할 것을 강조한다. 춘추시대 제(齊)나라의 사상가
이자 정치가인 관중(管仲:?~BC 645)은 "곳집이 차야 예절을 안다"
고 했다. 그는 정치의 요체(要諦)는 백성을 부유하게 하고, 백성을
가르치며, 신명(神明)을 공경하도록 하는 세 가지 일이 있는데, 그
중에서도 백성을 부유하게 하는 일이 으뜸이라고 했다. 적은 급여

4　미국의 공립학교에서 가르치는 중산층의 기준은 "① 자신의 주장에 떳떳하다. ②
　　사회의 약자를 돕는다. ③ 부정과 불법에 저항한다. ④ 비판적 사고를 지니고 있
　　다"라는 것이다. 영국의 옥스퍼드 대학교에서 제시한 중산층의 기준은 "① 페어
　　플레이를 한다. ② 자신의 주장을 확실히 하고 신념을 가지고 있다. ③ 독선적으
　　로 행동하지 않는다. ④ 약자를 두둔하고 강자에 대응한다. ⑤ 불의, 불평, 불법에
　　의연히 대처한다"라는 것이다. 그리고 프랑스의 조르주 장 레몽 퐁피두(Georges
　　Jean Raymond Pompidou) 대통령이 '삶의 질'에서 정한 중산층의 기준은 "①
　　외국어를 하나 정도는 구사한다. ② 직접 즐기는 스포츠가 있다. ③ 다룰 줄 아는
　　악기가 있다. ④ 남들과 다른 맛을 내는 요리를 만들어 손님을 대접한다. ⑤ 사회
　　정의가 흔들릴 때 바로잡기 위해 나선다. ⑥ 약자를 도우며 봉사활동을 한다"라
　　는 것이다. 한편, 우리나라 직장인을 대상으로 한 설문조사 결과 중산층의 기준
　　은 "① 부채 없는 아파트 30평 이상을 소유한다. ② 월 급여가 5백만 원 이상이
　　다. ③ 2000 cc급 중형차를 소유한다. ④ 예금액 잔액이 1억 원 이상이다. ⑤ 해
　　외여행을 일 년에 한 차례 이상 다닌다"라고 하였다.(강용수, 『부자는 돈이 일하
　　게 하다』, 리더북스, 2022.)

지만 자녀를 반듯하게 양육하고 집을 마련하고 틈틈이 모아 저축해 노후에 큰 경제적 어려움이 없다면 중산층이라 할 수 있지 않을까 싶다.

공자(孔子)의 조카 공멸(孔蔑)과 제자인 복자천(宓子賤)의 대화를 살펴보면 이렇다. 두 사람은 모두 하급 공무원으로 업무에 시달리고 경제적으로는 쪼들리는 생활을 했다. 공자께서 하급 관직에 머물던 두 제자에게 묻는다. 네가 이 자리에서 일하며 얻은 것은 무엇이며, 잃은 것은 무엇이냐? 라고. 공멸은 대답했다. "얻은 것은 하나도 없고 세 가지를 잃었습니다. 첫째는, 일이 너무 많아 공부를 못했습니다. 둘째는, 녹봉이 적어서 친척들에게 대접하지 못했습니다. 셋째는, 공무가 너무 다급해서 친구와의 관계가 멀어졌습니다." 그러나, 복자천은 답하기를 "잃은 것은 하나도 없고 세 가지를 얻었습니다. 첫째는, 배운 것을 실천해 보게 돼 학문의 깊이를 더할 수 있었고, 둘째는, 보수를 아껴 친척을 대접하니 더욱 친숙해졌으며, 셋째는, 공무 외의 여가에 친구들과 교제하니 우정이 더욱 두터워졌습니다"라고 하였다.

이처럼 행복의 기준은 나름대로 생각하기에 따라 다르다. 행복하기 위해서는 먼저, 어느 정도 먹고살 수 있는 돈이 있어야 할 것이다. 그리고 부자로서의 사회적 책무를 다하는 사람이 행복할 자격이 있다는 점이다. 나아가 행복은 주관적인 안녕이라는 점이다.

또한, 행복하기 위해서는 건강해야 한다. 장기 와병 상태는 물론, 암 등 악성 질환을 비롯하여 사랑하는 이가 급성심근경색과 같은 사고로 목숨을 잃게 된다면 본인의 행복은 물론이고 온 가족의 행복을 빼앗기기도 한다.

그러면 과연 나는 행복한가? 이제 다 살았는가? 죽어도 여한이 없는가? 이렇게 묻는다면 이 세상 누구도 '아니다'라고 답할 것이다. 나 역시도 마찬가지다. 하지만 모든 사람은 앞으로의 삶이 행복하기를 바란다. 어떤 목표를 설정하고 살아갈까? 이 질문에 나는 부자로 살고 싶다고 말하고 싶다. 은퇴 후 연금 생활을 하고 있으니 먹을 걱정은 안 해도 된다. 적게 쓰면 될 일이다. 공자께서는 배움, 만남, 자족을 인생의 세 가지 즐거움이라 했다. 첫째가 배움으로 배우고 익히면 기쁘다고 했다(學而時習之 不亦說乎). 둘째는 만남으로 벗이 먼 곳에서 찾아오니 또한 기쁘다고 했다(有朋自遠方來 不亦樂乎). 그리고 자족으로 스스로 넉넉함을 느끼며, 만족해야 한다고 했다(人不知而不慍 不亦君子乎). 하여 나는 앞으로의 삶의 기준을 나름대로 다음과 같이 설정하여 살아가고 싶다.

——— 배우고 익히며 건강한 삶을 살고 싶다

공자의 즐거움을 음미해본다. 요즈음에는 시간의 구애 없이 마음껏 책을 읽을 수 있어 좋다. 고전이든 장편소설이든 읽다 보면 시간 가는 줄 모른다. 내일 출근을 위해 밤늦은 시간이면 잠자리에 들어야 하며, 업무에 바쁘다 보면 쉽게 책을 읽을 수 없다.

레프 톨스토이의 소설 『부활』 속 카추샤는 18세 소녀 시절에 네플류도프에게 처녀를 상실하고 결국 윤락의 길을 걷게 된다. 그 후 시베리아의 부유한 상인을 독살하고 금품을 빼앗았다는 누명으로 기소돼 시베리아 유형을 떠난다. 네플류도프는 그녀에 대한 죄책감으로 몸을 떨었다. 그는 "그녀에게 용서를 빌어야 한다"라고 생각하며 자신이 가진 모든 것을 버리고 시베리아로 유형을 떠나는 카추샤를 돌본다. 가는 도중 그는 여러 방법으로 그녀를 보호하고, 형사범에서 정치범으로 옮겨 노동량을 줄여주기도 한다.

어느 날 밤, 그는 여관방에서 성경을 펴놓고, 그 복음서 속에서 자신도 모르게 갱생의 길잡이를 발견한다. 카추샤를 범한 날도 새로운 길잡이를 발견한 날도 부활절이다. 오늘날 기독교인들이 기리는 부활절의 의미를 톨스토이는 새롭게 조명하고 있다. 많은 것을 생각하게 된다. 이것이 독서의 기쁨이 아닌가.

이제 시간의 속박에서 벗어났으니 밤을 새워 읽어도 좋다. 사실 팔을 잃은 후 다른 사람과 달리 여가 활동에도 많은 제한을 받았다. 골프를 배우거나 기타를 칠 수 없다. 그러니 자연을 산책하는 것이 기쁘고 또 그럴 수밖에 없다. 또한, 요즈음에는 도서관 시스템이 너무 잘 돼 있다. 원하는 장소 어디서나 책을 빌리거나 반납할 수 있다. 책 종류도 다양하다. 공직생활 중 시장께서 인사에 배제할 때부터 책을 읽는 습관이 가졌다. 책을 읽으면 분노가 사라질까? 스트레스가 풀릴까? 답이 있을까? 경험상 답은 없다. 오로지 다음 이야기 전개가 궁금해 책에 빠진다. 어느덧 남은 책장이 없다. 이것이 반복된다. 콩나물에 물을 주면 다 흘러내리지만, 일주일이 지나면 어느덧 커다랗게 자라 있듯 이러한 과정이 반복돼 어느덧 나도 성숙해진다.

소중한 가족의 일원으로 살고 싶다

　　우리는 태어나자마자 곧바로 가족을 만난다. 부모, 형제, 아내, 자녀와의 만남으로 이어진다. 가족사랑은 내리사랑이라 했다. 자녀 둘이 모두 특목고를 다녀 다른 가정보다 학비가 좀 더 든 것 같다. 딸아이는 예술고등학교를 나와 피아노를 전공했으니 자연적으로 레슨비가 많이 든다. 다른 아이들에 비하면 조족지혈이라. 하지만 외벌이 공무원인 내게는 큰 부담이다. 설이나 추석 명절이면 부모님께 조금의 용돈을 드린다. 형편이 그러하니 자녀의 레슨비는 깎을 수 없고 부모님께 드리는 용돈은 인색하다. 미안하고 죄송할 뿐이다. 하지만 바로 이것이 내리사랑이 아닌가 싶다. 아내, 딸, 아들, 그리고 나와 연결되는 단톡방을 통해 영상통화를 한다. 사랑하는 손녀 하미 모습을 영상으로 본다. 딸과 사위 그리고 아들의 근황을 묻는다. 기쁜 일을 함께 나눈다. 어려운 일에는 조언하며 위로한다.

　　가족의 만남은 때론 바람 잘 날 없지만 받는 행복이 더 크다. 가족은 각자 모두의 희생이 필요하다. 주장을 관철하지 말고 의견을 말할 뿐이다. 이 과정에서 지혜가 오간다. 서로를 걱정한다, 위로한다. 위기 시 가장 먼저 손을 내민다. 나이가 드니 자녀 걱정보다 그들이 나를 더 걱정한다. 걱정하지 않도록 힘써야 할 것이다.

가족 간의 관계에서 가장 우선시 되어야 할 부분은 부부라고 본다. 매년 나무와 식물도 퇴비를 주고 가지도 치고 잡초도 뽑아주어야 수확의 기쁨을 맛볼 수 있다. 가족도 마찬가지다. 가족 하면 누구를 떠올릴 것인가? 첫째가 아내라 본다. 부모, 그리고 형제자매는 독립된 생활을 하면서 이미 또 다른 관계로 변한다. 우리 세대의 경우 대부분 부모는 세상을 떠나고 없다. 형제자매도 그들의 짝이 있으며 자녀가 있으니 미혼일 때와는 전혀 다르다. 자녀도 이미 장성했으며 사고의 차이가 난다. 그들만의 삶의 방식이 있다. 이제 남은 것은 오로지 부부뿐이다.

시골에 농지를 마련했을 때, 아내의 반응은 좋지 않았다. 비록 시골에서 유년 시절을 보냈지만, 시골의 추억이 별로 없으며, 내가 힘들게 일하는 것을 싫어한다. 마지못해 시골에 따라오던 것이 의무가 되더니 이제 바늘 가는 곳에 실 가듯이 껌딱지처럼 잘 따라다닌다. 고마운 일이다. 아내와 함께하지 않았으면 나 역시 벌써 포기했을 것이다. 아내는 어느 날 청력을 상실하여 백방으로 노력했지만 회복될 수 없었다. 그리하여 부득이 인공와우 수술을 했다. 수술 후 처음에는 상당한 언어훈련이 필요하며 적응하는 데 상당한 시간이 소요된다. 본래 바깥출입을 잘하지 않지만 수술 후 거의 바깥출입을 하지 않고, 일과 중 성경을 읽거나 유튜브를 통해 성경 해석을 청취한다.

아내는 오른손을 잃고 직업도 없는 나를 믿음 하나로 선택한 사람이다. 성경을 보지 않는다고 늘 구박이다. 유년 시절 할머니를 따라 교회를 다녔으나 그 이후 교회와는 먼 관계를 유지했다. 대학에 들어가 교회생활을 했으나 영성보다 지성이 앞섰다. 한참 후 팔을 잃었을 때의 아픔과 분노로 적개심을 품은 적도 있으나 아내와의 결혼 후 다시 신앙생활을 하게 되었다. 아내의 전도로 부모님을 포함해 형제자매 모두가 신앙을 갖게 됐다. 팔을 잃고 공직에 머무는 동안 많은 장벽에 맞서야 했으며 그 과정에서 남보다 바른 마음, 애씀이 있어야 했기에 영성으로 다가가기보다 실존하는 현실의 장벽에 맞서는 일에 우선할 뿐이었다.

생각건대 기독교는 사유를 통해 고뇌에서 벗어나기를 바라는 불교와 달리 인간의 한계를 인식하고 창조주 절대자에게 순종하는 것이 가장 우선시돼야 하는 종교다. 하나님을 만나기 위해서는 조용한 골방에서 하나님께 순종하며, 힘과 용기, 그리고 지혜를 구해야 할 것이다. 힘을 얻었다면, 살아가는 동안 예수께서 보여주신 사랑의 향기를 보여줘야 할 것이다. 그러나, 세상을 살다 보면 그렇지 못한 일들이 많다. 영성으로 하나님을 만나지 않고 지성으로 하나님을 만나려 했기 때문이다. 이제 연령적으로도 죽음을 고민해야 할 시기다. 지나온 과정과 허물을 되돌아볼 시기다. 아내의 핀잔이 아니라 영성으로 거듭나야 할 시기다. 나에게 맞는 방법을 찾아야 할 것이다. 함께 손잡고 기도하며 선한 영향력을 끼치는 가장의 모습을 그려본다.

두 번째는 자녀와의 관계다. 이제 자녀들이 장성했으니 이들의 일상을 간섭하는 것은 부질없는 짓이다. 내 부모가 내 나이였을 때도 부모님은 전혀 간섭하지 않았다. 나의 결정을 존중해 주었다. 마찬가지다. 다만, 자녀들에게 걸림돌이 되어서는 아니될 것이다. 아파서, 그렇지 않으면 사소한 일들로 부부 간에 다툼이 있는 것도 이들에게는 근심거리가 될 것이다. 부모로서 버팀목이 되어 주고 싶다. 노력하고 신실하게 살아가는 모습을 유산으로 물려주어야 할 것이다.

미국의 부시 행정부에서 장애인 정책 자문위원장을 역임하신 강영우 박사는 『우리가 오르지 못할 산은 없다』라는 저서에서 영화 〈슈퍼맨〉의 주연배우인 크리스토퍼 리브(Christopher Reeve)를 이렇게 소개하고 있다. 크리스토퍼 리브는 1995년에 승마를 하다가 낙마 사고를 당해 전신마비가 되어 얼굴을 제외한 모든 부분을 움직일 수 없었다. 그는 비통해하며 생을 마감할 것을 결심했다. 그리고 그의 어머니에게 작별 인사를 고했다. 다음으로 그의 아내에게 작별 인사를 고하니 아내는 반대한다. 당신은 슈퍼맨이자 당신의 존재만으로 아이들에게는 아버지가 살아 있다는 안

도와 기쁨을 주고 자기 역시 마찬가지라는 것이다. 그러자 리브는 결심한다. 미국 전역을 돌며 척추파열을 치료하기 위한 의학 연구 기금을 모금하기로 한다. 그 결과 사상 최대의 금액을 모금하여 '시어도어 루즈벨트 재단(Theodore Roosevelt Association)'에 기부를 하게 된다. 살아 있다는 존재 자체만으로도 가족에게는 큰 힘이 된다는 그의 아내의 말을 되새겨 본다.

그리고 세 번째로 무시할 수 없는 관계가 형제자매다. 세상이 변해 예처럼 형제자매와의 관계가 깊은 것이 아니라 할지라도, 피를 나눈 몸이다. 비록 생각할수록 애처롭고 가슴 아프게도 정을 나눈 혈육인 형과 동생을 먼저 하늘나라로 보냈지만, 그래도 부모님 유전자를 그대로 물려받은 두 분 누님이 같은 하늘 아래 살고 있다는 것 하나만으로도 좋다. 어찌 등한시하랴. 문안 인사도 좋고 가끔 함께하는 식사라도 좋다. 이것이 물려줄 유산이다.

——— 고마운 친구와 교류하며
감사하고 싶다

       살아가다 보면 다양한 친구를 만나게 된다. 초등학교, 중학교, 고등학교, 대학교 등 학교를 통해서, 그리고 고향이나 직장생활을 통해서, 또 한편 취미생활 등을 통해서 다양한 친구를 만나게 된다. 초등학교부터 대학교에 이르는 과정에서도 아마 친소관계는 달라질 것이다.

  아들 녀석은 친구들과 2박 3일은 예사로 아예 방을 잡아놓고 논다. 예전에는 어느 가정이고 소 한 마리는 집에서 길렀다. 소는 중요한 노동력의 대체 수단이며 송아지를 낳으면 팔아 자녀의 학자금으로 사용했기에 소중하게 여겼다. 그런데 이놈의 송아지는 어미가 애타는 줄 모르고 친구들과 들판을 뛰놀다 어미의 시야에서 멀어지기 일쑤다. 하물며 사람이랴.

  친구와의 관계는 교류의 빈도에 따라 다를 것이다. 많은 사람은 직장생활을 하는 동안 페르디난트 퇴니스(Ferdinand Tönnies)가 주장한 바와 같이 '게젤샤프트', 즉 이익 중심의 관계를 중시한다. 나 역시 격동의 시기를 지나오는 동안 주말을 반납하며 일한 적도 많았다. 그 와중에 직장 동료와의 산행이나 회식은 반드시 참석해야 하는 업무의 연속으로 생각했다. 소통해야 했으며 배제되지 않으려는 몸부림도 있었다. 하지만 은퇴 후에는 타산적 이해관계가 종료됨에 따라 서로의 관계도 느슨해진다. 만남의 빈도가 줄어든다. 심지어 각종 길흉사 등에도 직접 참석하기보다 부조를 부치는 경우가 많다. 예를 다할 뿐이다. 세상이 그렇다.

조직과 업무가 우선순위에 있다 보니 많은 오해를 받기도 했다. 초등학교 동창생 모임, 중학교 동창생 모임, 고향 마을 선후배와의 모임이나 경조사 등을 잊은 경우가 많았다. 그동안 소원했던 모임들과의 관계를 이제 다시 회복해야 할까? 그러기에는 늦은 나이다. 또한 만남의 기회가 많지 않았으니 서먹서먹하다. 다 잘할 수 없는 법이라 여기며 살아가야겠다.

유유상종이라 했던가. 모름지기 친구와의 관계는 추억이나 생각 등의 공통점이 있어야 하며, 상대방에의 배려가 우선시돼야 할 것이다. 이 기회를 통해 고마운 친구의 모습을 그려본다. 고등학교와 대학을 함께 다닌 친구가 있다. 이들과는 고등학교에 들어와 만난 이후 거의 50년이 됐다. 중간에 소식이 단절된 적이 없다. 아직도 자주 만난다. 시골 농장에서 아예 3박 4일을 뒹군다. 향수를 느끼며 부추를 따다 전도 부쳐 먹고 철 따라 낚시도 한다. 식사 당번도 없다. 스스로 알아서 하는 자동시스템이다. 그리고 서로의 하는 일에 간섭하지 않는다. 그냥 내버려둔다. 막걸리 한 사발 마시고 흥이라도 나면 노래방도 마다한다. 그 흔한 골프를 아무도 하지 않는다. 한 놈은 유명 공무원 입시학원 강사를 마치고 전국 명산을 다니는 등산 애호가, 혼자 산에 가서 산돼지한테 혼이 나거라. 한 놈은 낚시광이다. 아직도 금융연수원 외래교수로 있으면서 마음은 통영과 하동에서 낚시를 하거나 친구들 보고 싶은 생각 뿐인가 싶다. 한 놈은 교직에서 은퇴 후 손자를 돌보는 친구다. 교직에 오래 근무해서 그런지 잔소리가 유달리 많다. 잔소리 뚝.

언젠가 시골에서 낚시광이자 목공 기술자며 아직도 금융연수원 외래교수로 근무하는 친구와 머물다, 친구가 떠날 즘에 옛 직장 동료들이 시골 농부를 위로하러 오게 됐다. 직장 동료를 대접하느라 각종 약재를 넣고 백숙을 준비하기로 했다. 친구가 떠나며 가마솥을 깨끗이 씻고, 방이며 집안 곳곳을 깨끗하게 청소해주고 갔다. 아마 한 손이 불편하니 그 수고를 해주고 간 것 같다. 창고에 넣어둔 각종 농기구와 연장이 어지럽다며 손수 선반을 만들어 주기도 했다. 아내가 오면 우물가에 구부려 앉는 것이 불편하다며 의자도 만들어 주었다. 부모님 돌아가신 후 방치했던 오래된 시골 집을 대수선했다. 오래된 가구도 정리하고 목재상에 가서 판재를 구입하고 가구도 직접 제작했다.

더운 여름철이면 팬티만 입고 우물가에서 시원한 지하수로 몸을 적시는 기쁨을 생각해 보라. 오른팔을 잃은 불균형적인 모습을 아무리 친한 친구라도 드러내 놓고 싶지 않다. 그렇지만 부득이하게 온몸을 드러내는 경우가 있다. 그중 하나가 목욕탕에 가는 일이다. 용감하게 옷을 벗고 들어가지만 모르는 사람들의 시선을 무시하며 그렇게 하기란 많은 용기가 필요하다. 20대 중반의 나이인 처음에는 많이 망설였지만 피할 수 없는 법. 이제 서서히 적응되어 가지만 아직도 낯설다.

필요한 것을 만들고 고치고 치워줘서 고마운 것이 아니다. 맹자께서는 "측은히 여기는 마음이 없으면 사람이 아니다"라고 말씀하셨다. 이러한 마음이 드는 것은 더 친해지고 싶어도 아니고, 찾아온 동료들로부터 칭찬을 받기 위해서도 아니다. 친구를 아끼고 사랑하는 마음이 몸에 체득된 친구다. 우리는 많은 친구를 만나고 헤어지기도 하고 기쁠 때 함께 기뻐하며 슬플 때 위로해 주기도 한다. 세상은 공짜가 없다고 한다. 나도 친구에게 무엇이든 주어야 받을 수 있지 않을까. 정을 주고, 시간을 주고, 사랑을 주고, 위로해 주고, 공감해 주어야 할 것이다. 이제 서서히 시들어져 가는 나이다. 주는 연습을 매일매일 해도 시간이 부족할 것이다. 도배하고, 보일러 설치하고, 장판을 새로 깔고, 수납장 만든다고 고생했네. 의자도 잘 만들었네. 큰방 도배며 서랍장도 잘 만들었네. 그리고 마루판도 멋지게 고쳤네. 아내는 이렇게 칭찬하며 만들어준 의자를 잃어버릴까 봐 꼭꼭 숨겨놓고 간다.

그 밖에 지금까지 여러 어려운 길을 걸어오면서 함께한 고마운 분들이 많다. 공직자로 입문했을 때 힘 주시고 늘 앞길을 염려하고 베풀어 주신 송중택 형님, 공무원 소양 고사 7급 부분 1위를 했으나 팔이 없다고 괄시를 받을 당시 흔쾌히 함께 근무하며 조언해 주었던 시청의 직속상관이기도 한 친구 김형양(그는 행정고시 합격 후 1급 관리관으로 공직을 명예퇴직했으며 모교인 부산대학교에서 행정학 박사학위를 취득하기도 했다), 그리고 여러 부류의 선배와 동료들이 있다.

법무담당관실에서 소송업무를 담당할 때의 일이다. 사회복지부서에 와 달라는 요청이 왔다. 사회복지 분야 예산은 복잡하다. 순수 국비 사업이 있는가 하면 순수 지방비 사업도 있고, 어떤 경우는 복권기금 등과 같은 저소득층을 위해 국가가 조성해 사용하는 기금사업도 있다. 또 어떤 경우는 국비와 지방비 그리고 기금이 함께 투입되는가 하면 그 부담 비율도 제각각이다. 이를 예산서에 구분하기 위해 ×표나 △표 등 여러 부호를 사용한다. 말 그대로 복잡하다. 큰 흐름은 국가적으로 통일을 기하며 국가적 개입이 필요한 사업은 국비로, 지역적 개입이 필요한 사업은 지방비로 그리고 국가 및 지방이 함께 부담해 추진할 사업은 국비와 지방비가 함께 투입된다. 그중에서 국가와 지방의 역할 정도의 중요성에 따라 국비와 지방비의 부담 비중이 달라진다. 이러한 대원칙을 이해하지 않고서는 국회가 시행하는 국정감사와 지방의회가 시행하는 행정 사무감사에 대처할 수 없다.

그리하여 시작된 것이 사회복지와의 만남이다. 이 사실을 안 당시 과장인 법무담당관이 가지 말 것을 주야로 설득했으나, 지방투자사업과 재정분석업무에 5년여, 그리고 지방자치단체를 상대로 한 소송업무에 3년여 정도를 경험했으니 공부한 경험을 현장에 적용하고 싶어 옮기기로 마음먹었다. 당시의 주무 팀장이던 윤용근 형님의 간곡한 요청과 대학에서 사회복지를 공부했던 경험이 계기가 돼 사회복지 관련 부서에 오랫동안 근무하게 됐으며 박사과정 공부와 학위를 취득할 수도 있었다.

그리고 아직도 복지 현장에서 발달장애인의 행복을 위해 탱크처럼 함께 일하는 고재수 박사를 비롯해 많은 선후배가 있다. 공직생활을 하는 과정에서 형님처럼 친구처럼 함께 고민하고 위로해 준 석희윤 형님과 이용호 형님이 있다. 기획관리실장을 역임한 40년 지기 친구 홍기호도 있다. 출근하면 퇴근할 때까지 온전히 고민하며 해답을 찾으려는 정주영 형님의 열정은 아직도 잊을 수 없다. 온전히 힘들 때 학문적으로 조언해 주며 용기를 주신 고 류기형 교수님, 신복기 교수님, 김기태 교수님, 문선화 교수님, 박병현 교수님, 이기영 교수님, 아직도 발달장애인을 위한 사업에 헌신적으로 조언해 주시는 최송식 교수님 등 좋은 은사도 많다. 선배와 동료들이 많으나 일일이 열거하지 못하겠다. 이제 자녀 양육을 위해 투자도 하지 않으니 가끔 초대하여 식사라도 하고 싶다.

의사이신 이시형 박사의 책을 읽은 적이 있다. 내용인즉 프랑스의 유명 언론지인 르몽드지가 선정한 부자의 요건을 기술한 것이었다. 경제적 기준보다 예를 들면 박사학위가 있느냐, 2개국 이상의 언어를 해독할 수 있느냐, 두 개 이상의 종교에 대해 이해하고 있느냐, 1년에 한 번 정도 지인을 식사에 초대한 적이 있느냐 등이었다. 오랫동안 기억에 남는다. 부자의 판단기준을 달리 생각하며 나도 부자가 되기를 늘 마음속에 다지며 살아왔다.

동래구장애인복지관의 관장이 돼달라고 100번도 넘게 찾아온 친구 남기정이 말하기를, 제갈공명을 만나기 위해 유비는 삼고초려했으나 자기는 '백고초려'했다고 한다. 그는 60세 정년이 돼 복지관 직원의 소명을 다하고 동래구장애인협회 회장으로 취임하게 됐다. 회장으로 취임 후 동래구 장애인을 위한 멘토가 되어달라고 또 요청이다. 내가 살아가는 지역이자 평소의 베푸는 이 친구의 성품을 익히 아는지라 쾌히 멘토로서 법인의 이사로서 지역을 섬기고 있다. 고충을 토로한다. 하지만 귀찮지 아니하고 기꺼이 달려간다. 왜냐하면 나도 부자니까 부자의 의무를 다해야 하지 않을까? 이것이 또 하나의 소소한 행복이다.

공자께서는 "자기만 못한 자를 벗하지 말라"고 했다. 이는 나보다 못한 자를 무시하라는 뜻이 아니라, 내가 친구에게 그런 존재가 돼야 한다는 것이다. 비록 공부도 많이 했고 사회적 지위도 높았으나 이 친구를 보며 나는 많은 것을 배운다. 부족해도 베풀고 아까워하지 않고 가진 것을 선뜻 내어주는 아량과 포용을 배운다.

우리는 초등학교 입학을 한 후 다양한 사람들과 교류하며 세상을 살아왔다. 선생님을 비롯해 친구, 그리고 직장 동료 등 수없이 많다. 고마움을 되새겨볼 일이다. 나는 지금까지 이 사회로부터 많은 것을 받았다. 베풀 능력이 있다면 되돌려 줘야 할 것이다. 물질적으로 나눌 수는 없더라도 많은 경험을 통한 능력이 있으며, 시간도 많으니 말이다. 나눔이 아니라도 좋다. 문안 인사라도 서로에게 힘을 주기도 할 것이다. 주는 연습을 많이 해야 할 것 같다.

──── 자연을 벗 삼아 살고 싶다

언제까지 일을 계속할 것인가? 공직에서 퇴임 후 거의 10여 년을 삶의 현장에서 고민하며 살아왔다. 꿈꾸던 발달장애인의 종합 플랫폼이 구축되든 그렇지 않든, 이제 내려놓을 때가 다가온다. 미래는 꿈꾸고 준비하는 자의 몫이다. 단번에 해결되는 일은 아니다.

많은 사람이 고향을 그리워한다. 그중에서도 시골에서 어려운 시절을 보냈던 분들이 더욱 그렇다. 우리나라의 도시와 농촌인구를 보면, 산업화가 시작된 1960년대 농촌인구는 약 72%에 달했으나, 2022년에는 약 8.1%로 낮아졌다. 1960년대에 농촌지역에서 자란 대부분의 세대는 더욱 고향이 꿈엔들 잊힐 리가 없을 것 같다.

나 역시 초중고 시절을 농촌에서 살았기 때문에 늘 고향이 그립다. 은퇴 후 소일거리로, 그리고 새싹이 자라고 열매를 맺는 기쁨과 몸을 움직이며 사는 육체노동이 정신건강에도 좋을 것 같아,

자형께서 주신 농장을 일군 것이 참 잘한 것 같다. 요즈음은 시골과 부산을 오가며 바쁘게 생활하고 있지만 정착해 안빈낙도(安貧樂道)의 삶을 살아가는 것도 좋을 것 같다. 편안한 마음으로 분수를 알고 욕심을 내지 않고 자신이 처한 처지를 파악하며 살아가는 것이 행복이라 말하고 싶다.

요즈음은 유튜브가 대세라. 유튜브를 통해 〈향수〉라는 노래를 들어본다. 유한한 삶이라 몹쓸 질병이 없다면야 기껏해야 20년 정도 이 세상에 머물다 갈 것이 아닌가. 노래를 들으며 향수에 빠지고 애써 자족하며 살아가는 소소한 행복을 누리고 싶다.

향수(鄕愁)

정지용 작시, 김희갑 작곡

넓은 벌 동쪽 끝으로
옛이야기 지줄대는 실개천이 휘돌아 나가고,
얼룩백이 황소가
해설피 금빛 게으른 울음을 우는 곳.
그곳이 차마 꿈엔들 잊힐 리야.

질화로에 재가 식어지면,
비인 밭에 밤바람 소리 말을 달리고,

엷은 졸음에 겨운 늙으신 아버지가

짚베개를 돋워 고이시는 곳.

그곳이 차마 꿈엔들 잊힐 리야.

전설(傳說) 바다에 춤추는 밤물결 같은

검은 귀밑머리 날리는 어린 누이와

아무렇지도 않고 예쁠 것도 없는

사철 발 벗은 아내가

따가운 햇살을 등에 지고 이삭 줍던 곳.

그곳이 차마 꿈엔들 잊힐 리야.

하늘에는 성근 별

알 수도 없는 모래성으로 발을 옮기고,

서리 까마귀 우지짖고 지나가는 초라한 지붕,

흐릿한 불빛에 돌아앉아 도란도란거리는 곳.

그곳이 차마 꿈엔들 잊힐 리야.

　나는 시골 출신이라 아직도 풀냄새를 좋아하며 흙을 밟고 앞뒤 뜰로 쏘다니는 것을 좋아한다. 씨앗을 뿌려 새싹이 돋아나고 청정한 채소로, 과일로 변한 창조의 열매가 식탁에 오를 즈음이면 그 기쁨은 크다. 신체적 특성으로 여기며 많은 사회 활동에 제약을 받아왔다. 하지만 주말이면 시골 농장에서 전지가위로 가지를 다

듣고, 봄이면 화사하게 피어나는 다양한 꽃들을 바라보노라면 스트레스가 풀린다. 이러한 간절한 바람을 은퇴 후 곧장 실천하려 했으나 환경은 나를 허락하지 않았다. 공직에서 퇴임한 지 벌써 10여 년이 지났으니 참 늦은 것 같다.

공직에 머무는 동안 받았던 스트레스는 항상 나쁜 것만은 아닌가 보다. 스트레스를 통해 늘 긴장하며 창의성을 가지려 노력했으며, 그러한 과정이 모여 어느덧 결실로 다가왔다. 언젠가 한국인 최초로 도쿄대학의 교수가 된 강상중이 쓴 『고민하는 힘』이란 책을 읽은 적이 있다. 그는 1950년 규슈 구마모토현에서 재일 한국인 2세로 태어나, 일본 이름을 쓰고 일본 학교에 다녔으나 늘 따라다니는 수식어는 '조센징'이라는 낙인으로 혼란을 겪는 등 자기 정체성에 대해 치열하게 고민했다. 그는 와세다대학에 다니던 1972년 한국 방문을 계기로 "나는 해방되었다"라고 할 만큼 자신의 존재를 새롭게 인식하게 되었다.

이후 일본 이름을 버리고 '강상중'이라는 본명을 쓰기 시작했다. 그는 비록 일본 학교에 다니고 일본 이름을 썼지만, 일본인에 비하면 늘 주변인이었다. 얼마나 고민했을까? 고민을 통해 그는 한국인이라는 답을 찾았으며 그의 정체성을 확인할 수 있었다. 고민과 스트레스가 항상 나쁜 것만은 아니다. 에리히 젤리히만 프롬(Erich Seligmann Fromm)은 이를 '자유로부터의 도피'라 했다. 오로지 일에 매료돼 진정한 자유를 포기하고 시류에 따라 살아왔던 것에서 해방되고 싶다.

현대의학의 발달로 흔히들 100세 시대라 하는데, 많은 사람이 90세까지는 큰 질병이 없다면 건강하게 살아간다. 나 역시 그렇게 되기를 기대해 본다. 그러면 어떻게 살아갈 것인가. 지금까지 많은 사람과 교류하며 살아왔다. 더 이상의 바람도 없다. 앞으로는 자연과 친구하고 아내와 함께 가보지 못한 여러 곳을 두루 다녀보고 싶다. 밭에서 잡초를 뽑고 나무를 전지하고 나무의 수형을 정리하고 꽃이며 채소를 가꾸다 보면 어느덧 어둠이 내린다. 노동 이후의 밥맛은 꿀맛이다. 잠도 잘 온다. 간혹 보고 싶은 책 읽는 재미는 나를 기쁘게 한다. 이렇게 지내면 외롭지 않다.

준비해야 할 것이다. 늦지 않았나 하고 반문하지만, 아니다. 이 꿈을 실현하기 위해 이미 시골에 농장을 마련하였기 때문이다. 흙과 같이 사는 나의 취미와 신체적 특성을 이해하고 작은 자형께서 흔쾌히 저렴한 가격으로 밭을 주셨다. 자형께서도 교직에서 은퇴 후 진주에 거주하시면서 시골 고향의 선산이 딸린 밭과 산에서 밤나무며 고사리, 취나물 등 임산물을 채취하며 소일하고 있다. 자형께서는 팔순 기념으로 『집념의 말로』라는 장편소설을 출간하기도 했다. 참으로 미안하고 고맙다.

밭을 산 후 중장비로 정리하고, 축대를 쌓고 컨테이너를 가져다 놓았다. 2020년부터 서서히 시작한 일들이다. 각종 꽃씨를 뿌렸으며 풀베기 작업에도 엄청 힘을 쏟았다. 오랫동안 묵혀 두었던 매실나무 전지를 하느라 가시에 찔리면서 자른 가지를 모아 정리하는 일도 쉬운 일이 아니다.

드디어 첫해는 알밤 1,000여kg을 수확해 농협에 팔았다. 김장용 고추는 손수 재배하겠다고 해 고추 20근의 수확을 맛보았다. 몸은 녹초라. 매실 수확기를 맞아 6월 6일 현장에 가보니, 매실이 누렇게 변하며 모두 떨어지고 말았다. 인터넷에 검색해 보니 '복숭아씨살이좀벌'이라는 벌레가 씨앗 속에서 자라 낙과가 발생한다고 한다. 꽃이 지고 4월 중순에서 5월 상순 사이 벌레가 왕성한 활동을 할 시점에 1주 간격으로 2~3회 방제작업을 해줘야 한다고 한다. 다음에는 요놈과 깍지벌레 방제작업도 적기에 해야 할 것 같다.

지난해의 고됨은 잊은 채 다음 해에도 고추, 호박(단호박·애호박), 오이, 수박, 참깨 등을 골고루 심었다. 함께 시골에서 작업을 도와준 아내가 고마울 따름이다. 무농약을 고집했으나 아닌 것 같다. 적기에 적당히 비가 내리고 하늘이 도와주지 않으면 아무런 수확도 할 수도 없다. 자연에 순응하며 슬퍼하지 말아야 한다. 다행히 지난해에 심어둔 국화며 백일홍, 그리고 장미꽃이 활력을 주는 것 같다.
4월 중순 참깨 씨앗을 포트에 심어 그늘진 곳에 두고 주말이면 내려가 물을 주곤 했다. 3주 정도의 시간이 지나 밭에 정식했다. 참깨는 놀랍고 신비한 효능을 갖고 있다. 노화를 방지해주는 항산화물질을 다량 함유하고 있으며, 체내 신진대사를 원활히 해준다고 한다. 그러나 효능보다 좋은 것은 우선 고소한 맛이다. 어릴 적 내 몫으로 주어지는 김 한 장을 구워 고소한 참깨가 뿌려진 간장을 소스로 삼아 밥 한술 먹노라면 그 무엇에도 비할 수 없다. 그 외에도 각종 나물류의 핵심 첨가제로 최고다. 그렇기에 국산 참깨는 비싸다. 값이 비싸고 건강에도 좋고 고소한 양념으로 최고이나 많이 심으면 힘이 든다. 여름이면 찾아오는 태풍 손님에 대비해 넘어지지 않도록 해야 할 것이고, 참깨 개화기부터 발생해 줄기를 부러뜨리거나 꼬투리를 갉아먹는 담배나방도 퇴치해야 한다. 그리고 각종 역병을 방제해야 하며, 수확을 위해 농기계를 사용하기도 어려워 많은 수고로움을 필요로 한다. 친환경을 고수한다고 농약 사용을 절제하며 넘어질세라 아내와 함께 빙 둘러 줄을 치는 수고도 아끼지 않았다. 무럭무럭 자라 수확의 기쁨을 다오.

참깨뿐이랴. 대한민국의 대표 식물 고추도 100포기, 토마토 열 그루, 각종 포도나무도 고루 심었다. 호두나무도 열 그루 심었으며 그중 첫해에 벌써 한 개가 달렸다. 복숭아꽃이 아름답고 배꽃도 좋으며, 탐스럽게 열리는 사과와 대추도 보기가 좋아 고루 심었다. 더덕 씨앗을 뿌렸더니 잡초와의 싸움이라 몸은 녹초다. 하지만 재미있다. 새로운 생명의 탄생과 자람의 기쁨을 보고 있노라니 몸의 고단함은 자고 나면 잊어버린다.

자연 상태에서 자란 두릅나물이며, 고사리, 취나물은 입을 호강스럽게 한다. 그런데 요놈의 밤농사와 감 농사는 다르다. 익어가는 모습을 보면 아름답기도 하지만, 많은 양이 아니나 워낙 무게가 있어 수확의 기쁨은 잠시뿐이다. 물론 받는 사람은 별것 아닐지라도 양이 모이면 힘든 노동이 된다. 15kg의 감 상자를 승용차에 가득 실어 농협으로 가 택배를 부치는가 하면, 만 번 정도 허리를 구부렸다 폈다 하며 하나하나 담는 밤을 수확하노라면 온몸이 쑤시고 아프다. 그뿐이랴. 철 따라 병충해 방제며, 거름을 주고, 잡초를 제거하는 노동은 취미가 없으면 절대 할 수 없다. 또한 겨울을 대비해 틈틈이 장작도 준비해야 한다. 선친께서 거주하셨던 시골집 한 칸이 전통 구들방이라 장작만 많이 넣으면 최고의 힐링 장소다.

바쁜 공직생활과 불규칙한 식습관 등으로 대사질환을 앓고 있지만 이제 마음이 편하니 조금만 더 신경을 쓰면 될 것 같다. 자연을 벗 삼아 산으로 들로 쏘다니는 습관은 건강관리에 큰 도움이 된 것 같다. 나에게 맞는 운동처럼 말이다. 농작물을 기르며 자연과 함께 살다 보니 사계절 내내 요놈들은 나에게 목표를 부여해 준다. 봄이면 퇴비를 달라고, 여름이면 잡초를 뽑고 병충해를 방제해 달라고, 가을이면 무거우니 어깨에 짊어진 열매를 덜어 달라고, 그리고 겨울이면 무거운 깃털을 제거해 달란다. 삼사 년의 경험을 통해 보건대 과한 분량은 건강을 해치고 나를 노예로 만든다. 적당한 선을 설정하고 여유를 찾아야 할 것이다. 처음 과한 욕심으로 매실나무, 호두나무, 사과나무, 복숭아나무, 밤나무 등을 심고 기르는 동시에 고추, 양파, 마늘 등 여러 가지 가용작물도 심었다. 되돌아보니 힘이 든다. 과감하게 줄여야 할 것이다. 그렇지 않으면 잡초와 함께 자라도록 태평농법을 해야 할 것이다. 시행착오를 거치며 이제 어느 정도 방향이 잡힌다. 과한 욕심은 버려야 할 것이다.

전업 농부를 생각해 본다. 얼마나 힘들까? 수익이 얼마나 될까? 여의치 않을 것이다. 농사를 짓는 것은 쉬운 일이 아니다. 여름이면 잡초와 싸워야 하고 비가 너무 오지 않아도 걱정, 많이 와도 걱정, 그리고 태풍이 오면 송두리째 그동안의 수고가 헛일이 된다. 오로지 농사에만 전념하다 보면 가족의 생계가 걱정일 것이다. 고정적 연금 수입이 있으니 그래도 태풍과 병충해와 잡초 속에 살아남은 작은 수확이라도 있으면 더없는 행복이다.

공직에 있을 때 박봉으로 자녀 양육 등이 힘들었지만, 은퇴 후 연금을 받을 수 있으니 국가의 고마움을 새삼 느낀다. 새내기로 자녀를 양육하고, 기거할 주택을 마련해야 하는 자녀 세대를 생각하노라면 걱정이 앞선다. 이들에게 폐가 되어서도 안 되며, 격동의 세기를 살아오면서 도전하고 체득했던 경험을 조금이라도 토해내야만 하는 의무감도 새삼 느낀다.

흔히들 퇴임 후 무료하다곤 한다. 일이 없으니 말이다. 하지만 일은 찾아보면 얼마든지 있을 것 같다. 다행히 생계를 크게 걱정

하지 않고 자연을 만끽하며 생명의 탄생과 자람을 느낄 수 있어
새삼 고마울 뿐이다.

─── 여행하며 즐기는 가운데 배움을 얻고 싶다

공직에 머무는 동안 우리나라의 강산을 두루 다녀보지 못했다. 기껏해야 직장 동료와 근교 산행을 하는 것에 만족해야 했다. 설악산, 오대산, 내장산 등의 아름다운 단풍을 구경하지 못했다. 녹음이 우거진 산하가 울긋불긋 붉게 물들 즈음이면 유난히도 바쁘다. 이 시기가 되면 국정감사, 행정 사무감사를 비롯해 예산편성 및 심의, 그리고 다음 연도의 업무계획 등으로 매우 바쁘다. 주말을 이용해야겠지만 온통 교통지옥이다. 하지만 이제는 다르다. 마음만 먹으면 주중에라도 떠날 수 있다.

여행은 많은 즐거움을 준다. 눈을 호강하게 하고 덩달아 가슴도 열린다. 현장을 통해 또 많은 것을 체험하며 배우기도 한다. 나는 아직도 아름다운 우리나라의 곳곳을 다녀보지 못했으나, 이제는 언제든지 시간을 내 여행할 수 있다. 혼자가 아닌 아내와 같이 다니고 싶다. 좋은 길동무요 40년 이상을 몸을 섞어가며 살아온 동지가 아닌가? 3박 4일도 좋고 5박 6일도 좋다.

우리 집 농업인은 시골의 막내딸이었지만 농사하고는 거리가 먼 사람이다. 시골에서 나고 자랐으면서도 시골 출신이면 누구나 체험하는 소 먹이기, 모내기, 볏단 나르기, 풀베기 등 아무런 추억을 만들지 못한 사람이다. 시골은 "뱀도 무섭고 벌레도 무섭고 나뭇가지 가시도 무섭다"고 한 사람이다. 그러나 이제는 다르다. 40여 년간 나와 다른 사람(남편)과 함께 살아오면서 다름을 수용하고 인내했기 때문일까. 아니면 두 자녀를 양육하면서 속이 문드러지는 아픔과 기쁨도 누려 내공이 생겼을까? 나이 때문일까. 밤농사를 지어 농협에 내다 팔아 통장으로 입금된 기쁨일까. 아마 복합적인 요인 때문이리라. 괭이질도 능숙하다. '괭이 여사'라 불러 달란다. 나는 한 손이 불편해 장작을 쪼갤 수는 없다. 도끼질도 아내의 몫이다. 이도 능숙해 '도끼 여사'라 불러 달란다. 내년에는 콩을 심어 간장을 담글 거란다. 재미가 있나 보다.

이 과업에 동참해 준 아내가 고맙고 나 역시 강원권 여행의 기회가 적어 서로 자위하며 한 해를 마무리하고자 동계스포츠의 메카인 평창행 겨울 여행을 다녀온 적이 있다. 시간과 교통편에 구애받지 않으려고 승용차로 출발했다. 흔히들 가는 날이 장날이라 했던가. 2022년 11월 30일 첫날 날씨는 정말 매서웠다. 처음으로 한파경보가 발령, 평창의 기온은 영하 13도란다. 추운 날씨지만 강원도는 추워야 경기가 살아나는 곳인 것 같다. 평창 하면 제 23회 동계올림픽 개최도시, 스키장, 대관령 양떼목장, 풍차길 선자령, 오대산 가을 단풍 등으로 유명하다. 우리를 처음 맞이한 곳은 평창군 대관령에 있는 알펜시아다. 100여 미터 높이의 스키점프 전망대에서 내려다본 봅슬레이, 크로스컨트리, 바이애슬론 경기장과 리조트 모습은 이국적이다. 따뜻한 지역에서 지금까지 살아온 사람으로 스키와 관련된 시설은 특히 그러하다. 리조트의 디자인도 네모 위주의 아파트형과 달리 주변 환경과 조화를 이루고 있었다.

추운 겨울이면 실외에서 활동하기가 힘들고 싫다. 하지만 정서를 자극하는 하얀 눈과 설원 위를 달리면 남녀노소를 막론하고 추위를 잊어버리게 하는 것 같다. 이것이 동계스포츠의 묘미인가 보다. 동계스포츠는 우리의 심신을 강건하게 만드는 참 좋은 스포츠인 것 같다. 특히 어린이에서 청년에 이를 때 이보다 좋은 스포츠가 있을까 싶다. 평창동계올림픽을 위해 13조 8,000억 원이 들었다고 한다. 이중 고속철도 건설 9조 원과 경기장 건설 2조 원, 조직위원회와 대회 운영비 2조 8,000억 원이 소요됐다고 한다. 고속철도 건설은 산간 지역의 소통과 우리나라 인구의 절반이 머무는 수도권의 허파인 강원도에 대한 보상 차원에서 당연시돼야 할 일이다. 경기장 건설도 우리나라의 경제 수준에 비추어 당연한 투자이리라. 이로 인해 강원도 일원의 경제가 되살아나고, 수도권

절반의 인구가 직간접적으로 혜택을 누린다면 얼마나 좋은 일인가. 덧붙여 눈 구경을 할 수 없는 동남아 국가의 관광객을 유치하고, 좋은 기획을 통해 매년 세계 규모의 대회가 유치된다면 국위 선양에도 도움이 될 것이다. 시작만 하면 무조건 반대만 하는, 동인, 서인 하는 패거리식 비판은 그만두라.

문제는 그곳 원주민이다. 우리나라 어느 도시를 가듯 농촌은 노령화돼가고 있다. 이들 지역도 예외가 아니다. 리조트며 새로이 형성된 신도시 업소들의 주축은 창의성이 풍부한 젊은 층이겠지만 이곳에서 터전을 잡고 살아온 원주민들은 오히려 더 소외될지도 모른다. 고령으로 인한 노동력의 상실과 문화적 이질감만 가득할 뿐 이들이 받을 수 있는 혜택은 적을 것이다. 스키장을 이용하거나 리조트를 이용하는 분들로부터 소위 말하는 환경세라도 신설해(이용료의 0.1%) 이들의 환경 개선과 복지 증진에 투자했으면 싶다. 여론 형성은 가진 자가 잘하니, 가진 자가 찬성할 리 없음을 어떻게 하랴. 이것을 푸는 것이 정치가 아닌가.

언젠가 한번 가보고 싶었던 오대산으로 향했다. 오대산은 8각 9층 석탑이 있는 월정사와 전나무길, 현존 우리나라 최고(最古)의 범종을 소장하고 있는 상원사, 조선왕조실록의 사고(史庫), 승보 박물관 등으로 유명하다. 월정사에서 상원사에 이르는 계곡을 따라 펼쳐진 신작로 길은 싱그러움, 맑음, 청량함, 호젓함 등 여러 가지 느낌을 한 번에 느낄 수 있었다. 이 매력에 내 친구 강식이 녀석이 전국의 산하를 홀로 다니는가 보다. 오대산 입구에서 반긴 곳은 조선왕조실록 의궤박물관이었다. 조선왕조 역사를 기록한 실록(實錄)은 조선 전기에는 서울 춘추관을 비롯해 충주, 전주, 성주에 나누어 보관했으며, 임진왜란으로 전주 사고에 보관하고 있는 것을 제외하고는 나머지는 불타 없어져 버렸다. 전주 사고의 실록 역시 임진왜란이 일어나 병화에 소실될 위험이 있었으나, 1592년(선조 25년) 6월 22일 오희길, 유신, 안의, 손홍록이 정읍현 내장산 은봉암으로 옮겼으며, 9월 28일에는 다시 비래암으로 옮겼다 한다. 전주 사고본 실록은 정읍의 내장산에서 1년 18일을 숨겨 보존하다가 뒤에 해로로 해주를 거쳐 영변의 묘향산 보현사 별전으로 옮겨 난을 피했다. 이렇게 기구한 운명 속에 보존된 전주 사고본을 1606년(선조 39년)에 다시 인쇄해 춘추관, 태백산, 묘향산, 마니산, 오대산에 사고를 짓고 다시 보관했다고 기록돼 있있다.

조선왕조실록은 활자본(필사본 일부 포함) 2,124책으로 1413년(태종 13년)에 『태조실록』이 처음 편찬되고, 25대 『철종실록』은 1865년(고종 2년)에 완성됐다. 실록의 편찬은 대개 전왕이 죽은 후 다음 왕의 즉위 초기에 이루어지는데, 춘추관 내에 임시로 설치된 실록청에서 담당하였으며, 1973년 12월 31일 국보로 지정되었다. 조선왕조실록은 왕실 중심의 서술방식과 명분론적 시각, 당론(黨論)에 의한 곡필(曲筆)의 문제 등이 한계로 지적될 수 있으나 조선시대의 정치·경제·사회·문화 등 다방면에 걸친 역사적 사실을 망라해 수록하고 있는, 세계적으로 귀중한 문화유산임은 물론, 조선시대를 이해하는 데 있어 가장 기본적인 사료이다. 1997년 10월 유네스코 세계기록유산으로 지정됐다.

이를 보며 많은 생각을 하게 된다. 첫째, 기록의 중요성이다. 기록의 중요성은 아무리 강조해도 지나치지 않을 것이다. 은퇴 후 의미 있었던 경험들을 기록으로 남겨보고자 이렇게 글을 쓰게 되는 또 하나의 이유다.

둘째, 비록 왕실 중심, 명분론적 시각, 당론에 의한 곡필의 한계를 지니고 있으나, 이러한 한계를 예견하고 상당한 수준의 안전장치를 마련했다는 점이다. 사관이다. 사관은 정7품, 정8품, 정9품으로 직위는 낮았으나 항상 임금의 곁에서 기록을 담당하였기에 벼슬 중 가장 깨끗하고 중요한 직책이라 인식됐다. 사관에 임명된 사람은 긍지와 자부심으로 임무를 수행했을 뿐 아니라 권력에 굴하지 않는 역사 기록 자세인 춘추필법(春秋筆法)을 받들어 객관적 사실만을 기록해둘 뿐 그 평가는 후대에 맡겼다고 한다. 『춘추』는 공자가 춘추시대 제후국인 노나라의 역사를 편년체(編年體)로 기술한 역사 서술의 기준을 마련한 책으로, 개인의 사사로운 이해나 감정에 의하지 않고 객관적이고 공정하게 기술하는 저술 방법이다. 실록의 기초자료인 사관이 기록한 사초를 어느 왕도 볼 수 없었지만, 연산군이 이극돈의 고자질로 김일손이 쓴 사초를 최초로 보게 되었고 나라의 동량인 사림파 학자들이 혹사를 당하기도 했다.

셋째, 기록의 보관이다. 오늘날처럼 제습 시설이 발달하지 못한 관계로 목조사고에서 보관했으나 화재에 취약했던 것이 참으로 아쉽다. 임진왜란으로 창경궁이 불에 타고, 전주 사고를 제외한 사고가 불타고, 전국의 수많은 문화재도 불타거나 약탈당했다. 이웃 나라이긴 하지만 괘씸하기 짝이 없다. 다행히도 가외성의 원칙에 따라 원본과 사본을 만들어 분산 보관하고, 양식 있는 유생들에 의해 전주 사고본이 보존될 수 있었으니 얼마나 다행인가 싶다.

우리도 일상생활 속에서 중요한 자료를 보관한다. 등기부 등본을 비롯해 여권, 보험증권, 족보 등을 보관한다. 그런데 얼마 지나지 않아 어디에 두었는지 몰라 이 서랍 저 서랍을 뒤져본다. 분류해 보관하는 습관을 익혀야 할 것이다. 박물관에 전시된 의궤를 바라보며 자세한 그림과 설명에 놀란다. 요즘 말하는 의전 편람이랄까. 내용보다 형식과 절차에만 치중하다 보니 그 폐해도 있었겠지만, 표준화된 규례를 만든 선조들의 지혜가 새롭다.

많은 사람이 가을이 되면 단풍관광을 떠난다. 가을이 되면 이른 봄에 싹이 튼 나무의 엽록소가 따스한 햇볕을 쐬며 초록으로 물들었다가 일조량의 감소로 광합성을 멈추면 나뭇잎의 본색인 빨강, 주황, 갈색을 드러낸다. 인간도 일조량이 감소하면 신경전달물질인 멜라토닌이 증가해 혈압이 낮아지고 심박수가 줄어들며 기분도 가라앉는다고 한다. 어떤 사람은 우울해지기도 한다. 흔히들 가을은 남자의 계절이라고들 한다. 남성이 여성보다 멜라토닌 성분의 변화가 일조량의 증감에 더 민감하기 때문이라지만, 형형색색으로 물든 산하(山河)의 아름다움을 여성이라고 좋아하지 않으랴.

또한, 가을은 결실의 계절이다. 이른 봄에 뿌린 씨앗이 자라 수확할 수 있음에 감사하며 모두는 다음 해를 또 기약하게 된다. 그 방법은 동서양이 다르다고 하지만 의미는 같다고 본다. 우리 민족도 수확의 기쁨에 감사와 기원을 담아 조상께 시제(時祭)를 드렸으며, 서양은 추수감사절로 성대한 의식을 치른다. 여기에 덧붙여 형형색색(形形色色)으로 물든 산하(山河)의 아름다움을 보며 우수에 젖기도 하고 한해를 되돌아보기도 하며 새로운 다짐을 하는 게 가을 여행의 백미가 아닌가.

나는 고향이 하동이라 가끔 가까운 선운사, 송광사, 화엄사, 지리산, 낙안읍성, 순천만, 피아골, 벌교 등지를 다녀오기도 한다. 특히 조정래 작가의 『태백산맥』의 무대인 이곳 일대를 문화 탐방한 적도 있다. 경상도 지역과 달리 이곳은 자연환경이 잘 보전돼 있으며 지역주민 모두가 친절하고 순박하다.

전라남도 장흥군, 신안군, 목포시, 강진군 일원의 문화탐방을 다녀온 적이 있다. 부산에서 첫 도착지 장흥과 신안군까지는 꽤 먼 거리다. 시간상으로 보면, KTX로 서울까지 2시간 30분이면 갈 수 있음에 비하면 아주 먼 곳이다. 업무상 서울로 가는 경우는 많으나 이들 지역에 다녀올 기회는 많지 않다.

　오래전 목포에서 신안군 일원을 여행한 적이 있다. 당시는 선박을 이용했지만, 이번은 아니었다. 목포에서 신안군에 이르는 '천사대교'를 통과하게 된다. '천사대교'는 2010년에 착공해 2019년 4월에 준공한 7.2km의 교량이다. 사실 신안군은 유인도 72개, 무인도 953개 등 1,025개 섬으로 이루어졌지만 1,004개의 섬과 1,025개의 섬 숫자가 중요한 게 아니다. '1004'라는 숫자적인 의미와 구원자 또는 천사(天使)라는 복합적인 의미를 내포하고 있는 게 아닌가 싶다.

　정부가 투자를 결정할 때 B/C 분석을 많이 원용한다. 최소한 비용과 편익이 1이라는 등식이 맞아야 투자를 하게 된다. 신안군민 약 3만 8천 명의 편익을 위해 5,800억 원이라는 어마어마한 예산을 투자할 수 있었겠는가. 아니다. 공급이 수요를 창출할 수 있다. 2021년도 관광통계를 보면 약 130만 명이 신안군을 다녀왔다. 3만 8천 명의 몽리 세대를 생각하지 말고 130만 명의 몽리 세대를 생각해 보라.

　천사대교를 한참 지나 안좌도에 이른다. 이 섬에서는 걸어서 육지를 건너고 싶은 할머니의 소망을 담아 만든 '두리~박지~반월도'를 잇는 1,462m의 보라색 목교를 만나게 된다. 이 다리를 걷고 싶어 찾아오는 관광객이 꽤 많은 것 같다. 할머니의 소망을 행정에 반영한 주민자치라 할까. 비용편익분석으로 '천사대교'를 놓을 수 있을까. 수요공급과 비용편익의 관점에서 바라본다면 신안 군민의 간절한 소망을 담을 수 없었으며, 힘 있는 사람이 아닌 할머니의 간절한 소망에 귀를 기울인 행정이 아니었다면 이러한 모습은 없었을 것이다. 필요한 것은 정치다. 말꼬투리를 가지고 정쟁화하거나 국민의 아픔에 귀를 닫으며 쇼하는 정치인은 지구를 떠나라. 풀뿌리 자치의 핵심인 주민의 간절한 소망에 귀를 기울이라.

이튿날 목포 유달산 케이블카를 탑승하며 시내를 내려볼 수 있는 행운을 누렸다. 목포를 상징하는 노래가 많다. 〈목포는 항구다〉, 〈목포의 눈물〉, 〈꽃피는 유달산〉 등. 케이블카에서 바라보는 유달산의 가을 풍경은 참으로 잘생겼으며 아름다웠다. 목포 시민을 품어주는 따뜻하고 온화한 어머니의 산과 같았다. 천혜의 아름다움을 가진 이곳에 케이블카를 놓는다고 야단법석이 났을 것이다. 자연환경을 파괴한다고. 제발 반대를 위한 반대 좀 하지 맙시다. 연로하신 어르신들, 보행이 어려운 장애인도 아름다운 우리 강산 눈으로라도 한번 봅시다. 그분들도 세금 내고 산업현장에 종사하는 대한민국의 국민이옵니다. 케이블카에서 눈으로 보는데 환경을 파괴합니까.

신안을 거쳐 강진군에 이르렀다. 강진은 조선시대 유배장소로 유명하다. 그 이유는 이곳이 조선시대까지 극악의 유배지로 여겨졌던 제주도로 가는 주 기착지였기 때문이다. 강진은 딱히 관광

요소가 워낙 없는 농어촌이지만, 조선의 천재 학자 정약용의 유배
생활 18년의 삶을 조명함과 아울러 민족시인 김윤식(영랑)을 앞세
워 전국의 관광객을 유치하려 몸부림치고 있음을 느꼈다. 강진 읍
내에서 버스를 내리면 민족시인 김윤식 선생(1903~1950)의 생가
(영랑생가) 입구에 세워진 시비가 반갑게 맞이한다.

모란이 피기까지는
나는 아즉 나의 봄을 기둘리고 있을 테요
모란이 뚝뚝 떠러져 버린 날
나는 비로소 봄을 여힌 서름에 잠길 테요

五月 어느 날 그하로 무덥든 날
떠러져 누운 꼿닙마져 시드러 버리고는
천지에 모란은 자최도 업서지고
뻐처 오르든 내 보람 새운케 문허졌느니
모란이 지고 말면 그뿐
내 한해는 다가고 말아
三百예순날 하냥 섭섭해 우옵네다
모란이 피기까지는 나는 아즉 기둘리고 잇슬테요
찬란한 슬픔의 봄을

- 〈모란이 피기까지〉는 전문

196

선생께서는 외딴 농촌 마을 강진에서 보통학교를 졸업하고 상경해 아마 오늘날 휘문고등학교의 전신인 휘문의숙을 졸업했다. 그 후 1920년 일본으로 건너가 수학하다 1923년 관동대지진으로 귀국했다. 그는 창씨 개명과 신사 참배, 그리고 삭발을 거부한 채 흠결 없는 '대조선인'으로 사셨으며 47세의 나이인 1950년 한국전쟁 때 부상으로 외로이 작고하셨다. 선생께서는 시로써 민족혼을 일깨운 위대하신 분으로 잘 알고 있다. 대표작 〈모란이 피기까지는〉은 우리 민족의 애송시임도 알고 있다. 선생의 생가를 방문하니 많은 감정이 떠오른다. 내 나이보다 거의 20년 아래인 47세에 돌아가셨다. 오래 산다는 것이 정답인지 모르겠다. 혼이 있는 삶, 베푸는 삶, 이 사회에서 혜택을 많이 받은 행운아였으니 이를 토해내야 하지 않을 건가. 그러면 어떻게 삶을 마무리 해야 할까.

　또한 선생은 대단한 용기를 가지셨다. 당시 서울과 강진은 시공간적으로 먼 거리다. 초등학교를 졸업한 아이가 경성이라는 미지의 세계에, 20세의 나이에 일본 유학을 가고, 신사 참배며 창씨 개명을 거부한 배짱 있는 분이셨다. 배짱과 용기는 선천적일 수도 있지만, 부모의 교육이 크다고 본다. 과연 나는 아이들에게 배짱 있고 용기 있게 당당히 맞설 수 있도록 양육했는가를 되새겨 본다. 생가를 보면 아마 선생의 가정은 어느 정도 부농이었는가 싶다. 모란공원이 있고 오래된 은행나무, 두 칸짜리 행랑채 등으로 미루어보아 꽤 부자는 아니지만, 어느 정도의 여력이 있었던 것 같다. 만약 선생의 부친께서 경성으로, 일본으로 유학 보내는 것을 반대하고 부의 축적에 머물렀다면 우리는 선생의 시를 읽어볼 수도 없었을 것이다. 펄벅(Pearl S. Buck, 1892~1973) 여사가 쓴 『대지』가 생각난다. 가난한 시골 청년 왕룽은 결혼을 한 뒤에 성실하게 일한다. 외모가 볼품없고 말 없고 속 깊고 착한 부인은 집안일이면 집안일, 농사면 농사, 출산이면 출산, 왕룽이 필요로 하는 일들을 한다. 아내와 함께 지은 농사가 잘 돼 왕룽은 땅을 사고 경제적 여유가 생긴다. 왕룽은 부자가 된 후 본처에게 소홀하게 되며, 슬프지만 티를 거의 내지 않는 본처는 묵묵히 집안에서 해야 하는 대소사를 맡아서 한다. 시간이 지날수록 왕룽은 본처의 헌신과 정성의 가치를 깨닫고 고마움을 느끼지만, 본처는 불행하게도 불치병에 걸려 죽고 만다. 자녀에게 혼을 키워주지 못하고 부를 택한 왕룽의 말로는 그 자녀들에게 사치와 방탕이라는 유산을 물려주게 된다.

다음의 목적지는 조선의 천재 학자 정약용 선생(1762~1836년)을 만나는 공간이다. 조선의 통치이념은 성리학이다. 성리학은 맹자의 왕도정치를 통치의 기본으로 한다. 왕도정치는 임금이 덕치를 행하고 이를 행하지 않는 임금은 백성에 뜻에 따라 교체할 수 있다는 것이다. 이를 기반으로 정도전은 이성계와 손을 잡고 역성혁명을 일으켜 조선을 건국하고 재상 중심의 정치를 펼치게 된다. 왕씨에서 이씨로 즉 고려에서 조선으로의 개국이념이 된 성리학이었지만, 시간이 지남에 따라 재상들의 힘은 세지고 당파싸움으로 유능한 인재가 살아남지 못하였으며, 그 폐해로 임진왜란, 병자호란 등과 같은 치욕의 길을 걷기도 하였다. 오늘날의 진흙탕 정치는 이 시대의 유산일 뿐이다. 세종 이후 중기에 이르기까지 조선은 왕다운 왕을 만나지 못한다. 파벌 중심의 재상들은 조광조, 김종직 등 개혁 사림파 학자들을 몰살하는가 하면, 일본의 침탈에 나라의 운명이 풍전등화와 같이 위태로울 때 고군분투하던 이순신을 투옥하고 백의종군케 했으며 수많은 백성이 전쟁포로가 되어 명나라, 일본 등지에서 노예의 삶을 살게 했다. 죽일 놈들이다.

자식인 사도세자를 뒤주에 가두고 죽인 비정한 아버지 영조를 두고 성군이니 무자비한 아비라는 말들이 많다. 사도세자를 뒤주에 가두어 죽인 이유가 아직 명확히 밝혀지지 않았지만, 나는 당파에 의존하여 나라를 쥐락펴락하는 재상 중심 가신들의 횡포를 바로잡고자 영조께서 선택한 수단이라는 의심이 든다. 조선 중기 이후 당파싸움의 폐단에 맞서 온갖 지혜를 동원한 왕이 영조와 정조인 것 같다. 겨우 진정된 당파싸움은 정조의 사망으로 또다시 불을 지핀다. 그 희생자가 바로 정약용 선생이다.

정심을 가진 젊은 학자 정약용 선생은 1801년 11월 23일 제주도 다음으로 극악의 유배지인 강진에 당도한다. 가족은 도륙당하고 유배지에 도착한 선생도 사람인지라 얼마나 억울하고 비참했을까. 아마 요즈음 같으면 음독자살했을 것이다. 마음을 다잡게 해준 이는 주막집 노파란다. 마음을 다잡은 후 주막집 노파가 내어준 골방에서 선생이 생각, 용모, 언어, 행동을 바르게 하라고 가르치며 머무른 곳이 '사의재(四宜齋)'다. 선생께서는 이곳 사의재에서 4년을 머물다 보은산방, 다산초당 등을 오가며 18년간의 유배 생활을 하게 된다. 선생께서는 오히려 유배 생활로 인해 학문의 완성을 보게 된다. 그는 말할 필요조차 없는 대학자요, 수원성을 설계하고 건축한 건축가다. 그리고 온화한 남편이요, 아버지다. 다산 박물관에 소개된 아내 홍씨가 남편 정약용 선생께 보낸 편지를 보면 남편에 대한 그리움과 서러움, 애틋함을 느낀다.

올해는 병인년(1806) 시절은 이미 동짓날
눈 내리고 날은 차가우니 걱정스런 마음
날로 더해가네
등불 아래 한 많은 여인은 뒤척이며 잠 못 이루네

그대와 이별한 지 7년 서로 만날 날 아득하니
살아생전에는 만나기 어렵겠지
여린 풀에 된서리 내리고
가을 가고 봄이 오면 두 눈으로 멀리 보겠네

어느 날, 어느 때에 친히 당신 얼굴 볼까요
이미 좋은 일은 가고 마가 끼어 있네

성묘하며 절도 못 드리니 종신토록 한스럽겠죠

집을 옮겨 남쪽으로 내려가 끼니라도
챙겨드리고 싶으나
해가 저물도록 병이 깊어져 이내 박한 운명 어쩌리까
이 애절한 그리움을 천 리 밖에서 알아 주실런지

다산의 사상과 철학, 그리고 아들들에게 당부한 편지 등은 수없이 많다. 자세한 사상과 철학은 이덕일 선생이 쓴 『정약용과 그의 형제들』에 자세히 기록돼 있다. 강진군 여행은 많은 것을 생각하게 했다. 어떻게 늙어갈 것인가를 음미해보는 소중한 시간이었다.

사람들은 각자의 재능을 가지고 살아간다. 인간의 모습으로 오신 예수, 끝없는 자기 성찰을 통해 해탈에 이른 석가모니를 비롯해 흔히들 성인이라 부르는 공자, 맹자도 있다. 과학기술을 발달시키고 인간 내면을 살찌우게 한 예술가, 철학자, 정치인 등도 수없이 많다. 그러나 그 이면에는 우리 사회의 소금으로 아름답게 삶을 살아온 이름 모를 분들도 수없이 많다. 불가사의라 여기는 피라미드의 건축, 만리장성 축조 등을 비롯해 로마의 고대 유적들의 건축에는 수많은 이들의 희생과 땀이 있었기 때문이다.

내가 존경하는 분이 있다. 사단법인 부산국제장애인협의회 강충걸 회장이다. 일전에 그가 주관한 통일 염원 국토 순례 대행진

행사를 함께 다녀왔다. 코로나19 바이러스의 창궐로 3년 동안 행사를 진행하지 못했다. 그래도 행사를 진행하고 싶어 참여 인원을 200명으로 줄여 28회 행사를 진행했다. 행사의 요지는 주로 장애인 친구들이라도 민족의 통일이라는 대업에 조그만 힘을 보태자는 취지였다. 최북단의 백두산과 최남단의 한라산의 물과 흙을 합해 통일이라는 의식을 드러내고, 조국의 산하를 순례하며 호연지기도 기르자는 취지였다. 이러한 취지로 맨 처음 포항에 있는 해병대 부대를 찾아 강인한 훈련을 하는 대원들의 모습을 체험하는 일에서 출발해 백두산 천지연과 한라산 백록담을 탐사하기도 했다. 이순신 장군께서 13척의 함선으로 적함 130여 척을 궤멸시킨 울돌목 해전(명량대첩) 현장을 방문하고 장군의 위업을 되새겨 보며, 끝없는 조국 사랑의 정신을 되새겨 보는 것이었다. 이어 국토의 최남단 해남 땅끝마을을 탐방하는 순서로 마무리했다.

　첫째 날 격전지 순례를 마치고 진도에 있는 리조트에서 위로 행사를 열었다. 행사에는 가무가 빠질 수 없다. 행사는 평양예술단의 공연으로 시작됐다. 행사주제가 통일이라 의미 있는 축하공연이었다. 이어서 발달장애인으로 구성된 관악과 타악기가 함께하는 공연팀인, '하이 파이브 오페라팀'의 공연이 있었다. 수천수만 번의 훈련을 통해 화음을 맞출 수 있었으며, 함께한 이들에게는 흥겨운 잔치마당을 만들어 준 것 같다. 이것이 바로 자립이요 자활의 출발점이 아닌가 싶다. '하이 파이브 오페라팀'은 이경혜 시각장애인이 훈련센터를 설치해 기획하고 이끌어 온 팀이다. 이경혜 시각장애인은 이화여대를 졸업하고 프랑스 유학을 다녀온 인재였으나 원인 모를 질환으로 시력을 상실했으며, 부산광역시의회 의원으로도 활동한 적이 있고 현재는 한국장애인개발원 원장으로 섬기고 있다. 초청 가수 서정화 님은 장애인 친구들과 함께 춤추며 노래하는 포용성을 보여줌으로써 이 행사의 하이라이트로 자리매김하게 됐다. 대형버스 여섯 대를 동원해 1박 2일 동안 이순신 장군의 조국 사랑의 얼을 배우며 통일을 염원함과 아울러, 조국의 산하를 둘러보며 호연지기를 기르는 목표를 하나하나 차질 없이 진행했다. 행사 비용은 아마 1억 2천만 원이 넘게 소요된 것으로 안다. 이것을 어떻게 조달했을까, 그것도 매년. 아마 이번 행사는 금정로타리클럽에서 주관해주신 것 같다. 함께하는 과정에서 가장 보람 있어 하는 분들은 행사를 주관한 금정로타리클럽 회장과 임원들인 것 같았다. 이분들은 주는 행복을 마음껏 누리시는 것 같았다.

매년 이러한 주제를 가지고 피를 말리는 일들을 추진해 온 강충걸 회장은 누구인가? 그는 부자도 아니다. 청룡부대(대한민국 해병대)의 일원으로 월남전에 참전했다가 전상을 당한 상이군인이다. 그의 직업은 부산지역 버스정류소 안내센터를 관리하는 부산지부장이다. 수입은 안내센터에 부착한 광고 수익에 의존하고 있다. 그나마 온라인 시대를 맞아 이 수입도 넉넉하지 못하다. 그는 40년 된

작은 아파트에 노모를 모시고 살아왔다. 노모께서는 행사 사흘 전 사망하셔서 행사에 차질을 빚을까 봐 노심초사했다. 그의 부인도 남편을 따라 각종 봉사에 하루 일과를 보내는 한편 노모를 부양하면서 내색하지 않고 동참해 왔다. 그의 아들도 부모님의 정신을 이어받아 온 가족이 1억 원 이상 기부하는 사회복지공동모금회의 '아너 소사이어티(honour society)' 회원이기도 하다.

신체적 장애로 운전면허 연습을 할 수 없는 심한 중증장애인을 위해 시뮬레이터를 이용한 운전면허연습을 무상으로 시행하고 있으며, 중증장애인을 위한 전자상거래 시스템도 체계적으로 교육하고 있다. 장애인 내면의 건강함을 위해 독지가의 후원을 받아 3만 권의 자기개발서를 비치한 '영혼이 춤추는 도서관'을 개관해 운영하고 있다. '3D 영화관'을 설치해 중증장애인들의 심령도 건강하게 하고 있다. 지난해에는 세계장애인 바리스타 대회를 부산 벡스코에서 개최한 바 있다. 또한 장애인으로서, 가족으로서 사회적 모범이 되는 10명을 매년 선발해 포상하고 격려하고 있다.

이러한 에너지는 어디서 왔을까? 아마 해병대원으로서 강한 훈련으로 습득한 자신감과 월남전 파병으로 생사의 현장을 넘나들며 길러왔던 조국 사랑의 정신이 몸에 체득됐기 때문이라 생각한다. 온화함과 약자 사랑의 정신은 많은 이들을 동참토록 했다. 부창부수라 했던가. 함께 참여하는 부인의 수줍어하는 모습은 많은 사람을 감동하게 한다.

내년에는 200명을 이끌고 일본 후쿠오카(福岡) 일원을 탐사한다고 한다. 이번 행사는 예년의 절반 수준의 인원이 참여했음에도 힘이 든단다. 당연하다. 이제 70이 넘었으니 힘에 부치리라. 생애 한 번도 이런 기회도 누릴 수 없는 장애인들이 너무 많다. 누가 이 일을 할 것인가? 우리나라도 이제 살만하다. 국가도 적극적으로 나서라. 힘을 실어주라. 물심양면으로 봉사하는 이들을 우대하고 더 많이 격려하라. 언론도 특종이 아니라고 무시하지 마라. 공무원도 참여해 실상을 보고 앞장서라. 공무원과 민간단체가 유착했다고 색안경을 끼고 보지 마라.

나 역시 해군으로 서해5도에서 고속정 요원으로 근무했다. 해군이라면 누구나 귀가 따가울 정도로 충무공의 나라 사랑 정신을 배운다. 만약 농경시대인 1590년대에 우리의 곡창지대인 전라도가 무너졌다면 우리나라는 이미 일본의 영토가 됐을 것이다. 평생을 군 생활을 한 분들을 존경하라. 장군에서 부사관에 이르기까지 이들에게는 주거의 자유가 없다. 마음 놓고 막걸리 한잔도 마실 여유가 없다. 언제 비상이 걸릴지 모른다. 특히, 고위 장성급의 경우 더욱 그렇다. 그런데 정치가 이분들을 끌어들여 패대기를 친다. 제발 그리하지 말기 바란다.

우리 부산은 흔히들 다이내믹하다고 한다. 다시 말하면 역동적이다. 산과 바다가 어우러진 아름다운 도시로, 예전부터 국제적인 교류가 왕성했다. 항공산업이 발달하지 않은 시기의 인적·물적 교류의 시작은 당연히 항구일 수밖에 없다. 부산항을 통해 다양한 해외의 문물이 드나들었으며, 물류와 인적 교류를 위한 다양한 인프라가 구축됐고, 6·25를 전후해 국내에서도 생계를 찾아 전국 각지에서 사람들이 몰려들었다. 그러니 당연히 다이내믹할 것이다. 혹자는 도시의 정체성이 없다고 하지만 다이내믹 자체가 정체성이 아닐까?

국제교류의 시작은 당나라 시대를 거슬러 올라가지만, 그 주 대상은 일본이었다. 삼국 통일 후 통일신라와 일본의 국서(國書)나 고가의 물품을 소지한 양국 사절의 항해에는 부산항이 우선시됐다. 이유가 있었다. 대마도가 일본의 출입국 창구였으나, 남쪽에서 동북북 방향으로 흐르는 동안 난류의 방향 때문에 울산에서 대마도로 향하는 항해는 어려웠다. 그리고 부산과 대마도 사이의 항로는 안정적이었다. 조선 초 대마도에 개방한 삼포(三浦)인 내이포(진해), 부산포(부산), 염포(울산) 가운데 왜선의 부산포 편중은 심했다. 조선 정부는 삼포(三浦)에 고르게 정박해줄 것을 대마도에 강력히 요구했으나 뜻대로 되지 않았다. 대마도와 부산 사이의 항로가 그만큼 접근성이 좋았기 때문이다[5]. 1876년 근대 개항 이후 이제는 컨테이너 물동량 처리기준 세계 7위, 환적화물 기준 세계 3위의 초

---

5   서영교, 『통일초 신라-일본 교류와 동래단층로』, 부산광역시사편찬위원회, 2021.

일류 항만으로 자리 잡았다. 이제 부산항은 새롭게 변신 중이다. 도심 교통량을 분산하기 위해 물동량 처리는 첨단 항만 인프라가 구축된 신항으로 이관하고, 기존 도심의 항만은 사람 중심, 교류 중심의 항만으로 변화하려는 시도로 북항 재개발사업을 추진하고 있다. 물론 여기서 부산이 희망하는 '2030 부산 엑스포'도 개최할 계획이었으나 유치에 실패했다. 아쉽다.

부산에 살면서 항만의 고마움을 피부로 느끼지 못하는 사람이 많다. 누구나 좋아하는 우리나라 제1호 공설해수욕장인 송도해수욕장을 비롯한 해운대, 광안리, 다대포해수욕장이 있다. 2억 년의 역사를 간직한 암남공원을 연결하는 해상케이블카도 있다. 우리나라 최대 수산물도매시장인 부산공동어시장이 있는 원양과 연근해 어업 중심지다. 또한 새롭게 단장한 부산항국제여객터미널은 가히 세계적이다. 그런데 이게 어찌 된 일인가? 코로나19 바이러스의 창궐로 국제 여객선과 관련된 사업에 관여한 업체는 줄도산을 맞았다. 야심 차게 도입해 운행했던 일본의 남부지역을 오가는 고속여객선 사업과 비록 낡았지만 크루즈 생색을 내며 남중부를 오갔던 크루즈 운행도 마찬가지였다. 사람이 줄을 서서 왕래했어야 했으나 교류가 통제돼 참으로 안타까웠다.

그러던 차에 부산항에서 팬스타드림호를 타고 부산에서 오사카(大阪)행 2박 3일 일정으로 여행을 한 적이 있다. 여객선을 타고 부산항국제여객터미널을 벗어나 외항으로 나가며 바라본 부산항의 모습은 참 아름다웠다. 나는 군 시절 바다에서 구축함을 타고 동·서·남해를 두루 다녔으니 선상의 생활은 다소 익숙했다. 비록 20년이 넘은 낡은 배였지만 숙소와 식당, 라운지, 사우나, 노래방 등을 짜임새 있게 구비하고 있었다. 밤새도록 달리는 선박 안이었지만 지루함을 전혀 느낄 수 없었다.

하룻밤 지난 이튿날 10시경 오사카항에 도착했다. 입국 신고를 하는 장소 곳곳에 '한국에서 구제역 발생', '소독 철저' 등 경고성 문구가 걸려 있는 입국심사대에서 지참하지 못하도록 규정한 물품이 없는지 세밀하게 따진다. 입국심사대에서 말로만 듣던 양쪽 손가락의 지문인식을 하란다. 어딘지 모르게 기분 나쁘다. 아직도 이 친구들이 우리를 아래 나라의 국민으로 바라보는 것 같아 괘씸한 생각이 든다. 엑스레이 등으로 수화물을 검색하고 입국하는 사람에게는 불편함이 없도록 해야 할 것이다. 이는 정부가 외교적으로 대처해야 하리라 본다. 그렇지 않으면 상호주의 원칙에 따라 우리도 그렇게 하든지 말이다.

입국심사를 마치고 오사카 시내 중심지를 둘러보았다. 옛날 같았으면 전자제품도 사고 주방용품도 사러 바삐 움직였으련만 한시간 정도 시내를 기웃거리니 피로가 몰려온다. 이것이 국력인가 보다. 그래도 여성분들은 가게 곳곳을 눈으로 보며 여기저기 기웃거린다. 이게 아이쇼핑이라나? 문화유적지 탐방을 하지 못하고 붐비는 도심에서 보내려니 모두가 지겨워한다. 다음에 오면 현지에서 1박이나 2박 정도 하면서 산천을 구경하고 싶다. 아쉬움을 뒤로하며 오후에는 다시 귀선했다.

육중한 배는 부산항으로 다시 움직인다. 숙소에 짐을 풀고 다시 석식을 즐긴다. 한국 국적의 여객선이니 당연히 한식 위주의 뷔페 식사다. 매니저급을 제외한 종사자 대부분은 외국인이다. 외국인이 아니었으면 코로나19의 통제에 크루즈는 도산을 맞았을 것이다. 우리도 경제 도약기에 사우디아라비아, 리비아, 월남전, 파독 간호사, 파독 광부로 종사하며 나라의 부를 쌓는 터전을 마련했다.

이참에 외국인 근로자와 관련해 한마디 언급하고 싶다. 우리나라의 합계 출산율은 0.7 정도로 알고 있다. 점차 인구가 줄어들고 있다. 우리의 이민정책도 한번 되돌아볼 필요가 있다고 본다. 우리나라 사람들은 동남아시아권의 외국인에 대해서는 엄격하다. 반면, 유럽이나 영미권 국가의 외국인에 대해서는 관대하거나 위축감을 느끼는 게 아닌가 싶다. 반성해야 한다. 코리안 드림으로 결혼이민을 온 가정이 많다. 물론 그렇지 않은 가정도 많다.

이들 부모를 둔 아이들은 외형적인 모습은 물론이고 언어와 문화 차이로 이질감과 때로는 소외감을 느낄 것이다. 이대로 두어서는 안 될 일이다. 누가 155마일 휴전선을 지키고 누가 건설 현장에 종사하고, 망망대해에서 고기를 잡고, 생활환경을 정비할 것인가? 외국인 부모를 둔 가정의 아이는 국수주의 입장에서는 정체성의 혼란을 겪겠지만, 오히려 이점이 많은 환경을 가졌다고 본다. 세계 어느 나라를 가든 우리나라 동포가 운영하는 가게를 만날 수 있다. 소위 디아스포라라 부를 수도 있다. 이스라엘 민족이 세계 곳곳에 흩어진 숫자가 약 700만 명, 우리나라 국민이 세계 곳곳에 흩어진 약 700만 명으로 비슷한 숫자다. 단군 할아버지의 후손인 단일민족만을 외칠 것이 아니다.

다음 날 오전 10시 부산항에 도착했다. 깔끔하게 단장한 국제여객터미널, 친절하게 입국을 돕는 동료 공직자들, 당신이 있어 우리가 행복함을 느낀다고 말하고 싶다. 여행은 어디를 가는지도 중요하다. 또한 누구와 하는지도 중요하다. 공직에 머무는 동안 마음 놓고 여행 한 번 할 수 없었지만, 이제 시간도 여유롭고 자녀를 양육했으니 경제적으로도 여유가 있는 것 같다. 즐거움을 마음속에 오랫동안 간직하는 것도 육체적 건강을 위해 보약을 먹는 것만큼 중요하다.

이처럼 어느 곳을 가든 여행은 많은 것을 느끼게 해준다. 또한, 느슨한 마음을 다잡아 주기도 하며 보고 들었던 광경을 더 깊이 이해하고자 관련 기록을 살피게 된다. 이러한 지식이 노년의 미래에 무슨 도움이 되겠는가 하고 반문하겠지만 그것이 삶이며 행복이다. 이를 통해 정신도 건강해진다. 남은 삶의 방향성을 제시해

주기도 한다. 건강한 신체는 건강한 정신에서 우러나온다는 말이 있다. 딱히 목표를 정하지 않아도 좋다. 떠나고 싶을 때 언제든지 떠날 수 있는 자유가 좋다.

6
부

고민하며
함께 걸음

복지 철학의 출발은 측은지심

교육 철학의 확립과 제도의 혁신을 기대함

아이들은 미래의 희망

수요자가 바라는 복지정책

요양보호는 필수, 꼼꼼한 점검과 대비

복지 철학의 출발은 측은지심

정치는 국민의 아픔을 달래주며 그 결과는 정책으로 드러나야 할 것이다. 국가가 유지되고 번성하기 위해서는 좋은 정치제도가 뒷받침되어야 한다. 국가를 방위하고 경제를 발전시켜야 할 것이며 모든 국민이 안전하게 살아갈 수 있는 다양한 국민통합의 제도를 갖추어야 할 것이다.

유사 이래 강자가 있으면 약자가 있었으며, 부자가 있으면 가난한 자가 있기 마련이다. 노동력 중심의 사회에서 노동의 가치가 큰 가장의 질병이나 사망 등이 있다면 그 가정은 생계의 위협에 시달려야 했다. 하지만 오늘날의 사회는 빈부의 문제가 아니라 미래의 소득 보장에서부터 모든 국민의 건강한 삶을 국가가 책임져야 할 의무를 부담하고 있다. 국방과 경제발전을 포함한 거의 모든 영역이 복지의 영역이라 할 수 있다. 즉 태어나서 잘 구축된 양육시스템과 교육과정을 거쳐 사회의 성원으로 자신의 역량을 최

대로 발휘할 수 있도록 함과 아울러, 노후에도 안정적 소득과 각
종 부양을 국가로부터 받을 수 있는 시스템을 구축해 주기를 요구
하고 있다.

이 과정에서 정치지도자에게 요구되는 철학은 측은지심이라 본
다. 사회적 약자인 국민을 애처롭게 바라보며 이들이 일어서거나
의미 있는 삶을 살아갈 수 있도록 늘 고민하여야 할 것이다. 그리
고 고민의 결과가 사회적 기제로 정형화되어야 할 것이다. 이게
바로 넓은 의미의 복지제도다. 맹자는 그 제자 공손추와의 대화를
통해 "어린아이가 우물 속으로 빠지는 것을 보면 누구라도 측은
한 마음을 갖게 되나, 이러한 마음이 드는 것은 그 어린아이의 부
모와 친해지고 싶어도 아니고, 주변 사람들로부터 칭찬을 듣기 위
해서도 아니고, 구해주지 않았다는 비난을 받고 싶지 않아서도 아
니다"라고 하였다.

측은지심의 사례로 고 이수현을 대표적으로 연상한다. 그는 고
려대학교에 다니다 일본 연수를 떠났고, 2001년 1월 26일 신오
쿠보역에서 열차를 기다리던 중 취객 '사카모토 세이코'가 열차
선로로 떨어지는 것을 보게 된다. 열차가 접근 중임에도 불구하
고 곧장 그 사람을 구하기 위해 뛰어내렸던 그는 열차가 너무 빨
리 오는 바람에 선로에서 벗어나지 못하고 그 자리에서 목숨을 잃
고 말았다. 취객을 구하려던 또 다른 인물, 카메라맨 세키네 시로
역시 그와 함께 사망했다. 이 사건은 한일 양국의 언론에서 크게

다루어진 유명한 사건이었으며, 수많은 일본 시민은 물론, 일본의 국회의원, 각 부처 장관을 비롯한 내각 주요 인사들과 당시 일본 총리인 '모리 요시로(森喜朗)'가 장례식에 직접 조문을 오기도 했다. 이수현의 희생으로 말미암아 일본에서 한국인에 대한 이미지가 크게 개선되기도 하였고, 이후 일본에 한류열풍이 유행하는 데 크게 이바지했다. 이수현 정신을 기리기 위해 우리 국내에서는 언론인 노치환 씨가 앞장서 노력하고 있다. 본인 역시 부산시 복지기획팀장으로 근무할 당시 선양사업을 위해 서울프레스센터, 누리마루 추모 기념 세미나 행사를 지원하며 참여한 경험이 있다.

장애인복지 업무를 깊숙이 들여보기 전에는, 청각장애인은 말을 못 하지만 살아감에 있어 다른 장애에 비할 바가 아니라고 생각했다. 흔히들, 청각장애인은 사실상 상대방의 말을 알아들을 수 없을 뿐 다른 장애에 비하면 그래도 사회활동이며 직업 활동이 쉬울 것이라는 오해를 갖기 쉽다. 사실상 이들은 청각의 장애로 세상과 단절되어 있다. 자라면서 우리는 성적 본능의 상태에서 교육이나 사회적 관계를 거치면서 궁극적으로 초자아의 상태로 나아간다. 그러나 이들은 청각의 장애로 평생 절제와 참음의 학습을 받지 못하였으며 결국에는 의존적인 태도를 보이게 된다. 이들은 공사 현장에서 노무 활동에 종사하기도 어렵다. 책임자가 공사 현장에서 사용하는 언어들은 비장애인도 잘 모른다. 하물며 전연 소리를 듣지 못하는 이들에게 현장 책임자가 아무리 시켜도 그 의미를 이해하지 못한다. 고충을 상사에게 전달할 방법은 수어(手語)나 문자다. 이러한 관계로 직업을 갖기도 가장 어려울 뿐만 아니라 직업을 가져도 적응하기가 어렵다. 그리하여 이들은 대부분 길거리에서 이리저리 단속을 피해 호떡을 팔고 있다.

　청각장애인이 고임금을 받으며 잘 근무하고 있는 사례를 본 적이 있다. 사례인즉, 청각장애인이 근무하는 장소는 비장애인에게는 고역과 같은 곳이다. 너무 시끄러워 대부분 근로자가 청각의 장애를 호소하는 곳이다. 그러나 청각장애인에게는 전혀 장애가되지 않는 작업환경이라 오히려 비장애인보다 고임금을 받으며 근무할 수 있는 곳이다. 안성맞춤이다. 바로 이게 측은히 여기며 그들의 실상을 깊숙이 보았을 때 발견할 수 있는 일이다.

　1999년쯤 청각장애인협회 회장님과 대화를 나눈 적이 있다. 청각장애인은 어떤 TV 프로그램을 좋아하는지 물어본 적이 있다. 회장님께서 답하기를, 외화프로그램을 자주 본다고 했다. 소리를 듣지 못하니 수준이 높은가 보다 생각했다. 아뿔싸, 유일하게 자막이 나오니 외화를 볼 수밖에 없다는 자세한 설명이었다. 어떡하면 좋을까 하였더니 음성을 자막으로 변환시켜 주는 '디코더'라는 기기를 TV에 연결하면 다른 프로그램도 볼 수 있다고 했다. 기가 찰 일이다. 당장 예산에 반영하여 주겠다고 약속하였다. 디코더를 배분하는 것도 소득수준이 낮은 사람들부터 배분해야 한다는 갑론을박이 있었다. 누구나 TV를 시청할 수 있는 것은 기본권의 보장이라 생각했다. 우리나라의 대부분 복지정책은 선별주의 방식을 취한다. 이것은 아니라는 확고한 믿음에서 협회를 통해 배부토록 예산을 확보하고 집행토록 하였다. 협회가 힘을 가지고 아우성을 치라는 말이다. 사람이 모이라는 것이다. 이를 계기로 청각장애인협회 회장이 감사해한다. 덕분에 당시 인기 대하드라마 〈용의 눈물〉을 볼 수 있어 행복하다고.

　그러나 그 후 십수 년이 지나 초대 장애인복지과장으로 부임하여 보니 아직도 똑같은 방법으로 예산을 집행하고 있었다. 음성을 자막으로 변환해 주는 다양한 앱이 속속들이 개발되고 있는 최근 시점에서는 다른 대안을 찾아야 하는 것이 아닌가. 선례 답습 행정의 전형적인 사례다. 변해야지. 측은지심을 가지고 이들의 아픔을 바라볼 때만이 맞춤형 복지정책이 마련될 것이다.

교육 철학의 확립과 제도의 혁신을 기대함

이제 우리나라도 경제 수준이 향상되어 어느 정도의 공교육 체계가 확립되어 종전과 같이 빈곤으로 학업을 계속할 수 없는 정도는 아닌 것 같다. 그렇다면, 자녀를 양육하는 어른으로서 무엇을 물려 주어야 할까?

가끔 TV에서 방영되는 〈금쪽같은 내 새끼〉라는 프로그램을 본다. 어떤 경우를 보면 참 기가 찬다. 아동보호센터장으로 근무한 경험에 비추어 보면, 아동학대의 주범은 대부분이 부모다. 학대 피해 아동들은 주로 공포 속에 살아간다. 부모 중 어느 한쪽도 도피처가 되어 주지 못한다. 이들이 치료를 받아 마음의 상처를 치유하지 못하면 성장하여 가해자가 되기 일쑤다. 우리 아이들은 자유의지로 태어나지 않았다. 이들을 양육하는 것은 당연히 부모와 기득권을 가진 어른들의 몫이다. 지·덕·체를 기르는 교육체계 등 모두 어른들의 몫이다. 부모라는 무거운 책임감이 있어야 할 것이며, 교육체계도 혁신해야 한다.

희대의 탈옥수 신창원은 어렸을 때 찌든 가난으로 수업료를 낼 수가 없었다고 한다. 수업료를 내지 못하는 아이에게 선생님은 상처를 주었다. 어린 신창원에게는 가난도 고통이었지만, 어머니가 간암으로 일찍 세상을 떠난 슬픔이 컸다. 만약 아버지가 사랑을 줬다면 신창원이 이리 엇나가지는 않았을지도 모른다. 아버지는 자신을 속였다는 이유로 신창원을 폭행하였고, 나중에는 계모까지 가세하였다. 신창원의 계모는 신창원의 동생이 아픈데 관심도 없었다. 중학교에 들어갔지만 잦은 따돌림에 3개월 만에 중퇴한 신창원은 18살 때인 1984년, 닭 6마리, 새우깡 하나 훔쳤다고 절도죄로 소년원에 수감 됐다. 신창원의 아버지는 아들이 소년원에 들어가서 새사람이 되기를 바랐지만, 신창원은 이 사건으로 인해 본격적으로 반항적인 인생을 살게 된다.

신창원은 교도소를 나와 상경하여 음식점 배달 일 등을 하다 1986년 절도죄로 또다시 징역 8개월 집행유예 1년을 선고받는다. 그는 전과 5범이 되었다. 검거된 후 그가 말하기를, "지금 날 잡기 위해 군대까지 동원하고 엄청난 돈 쓰는데 나 같은 놈에게 중학교 담임 선생님은 '이 XX야, 돈 안 가져오고 왜 학교 오나 꺼져' 하셨는데 그때부터 마음속에 악마가 생기게 됐다"고 한다.[6]

---

6   신창원 《중앙M&B》, 1999년 9월 1일 홈페이지

선생님을 탓하는 게 아니다. 참 스승이 있어야 한다. 하지만, 세상이 변하여 선생님 노릇을 하기가 어렵다. 문제를 가진 아이는 물론, 부모가 가세하여 선생님을 괴롭힌다. 괴롭힘에 시달려 선생님이 우울증에 걸리고 생을 마감한 기사도 있다. 돈이 투자되어야 한다. 학교마다 심리학을 전공한 분들이 배치되어 도움을 주어야 한다. 교육과목도 변해야 한다. 영어나 수학 그리고 국어 못지않게 국사, 윤리, 체육, 음악교육도 중시되어야 한다. 올바른 국가관을 확립하여야 한다. 공동체 구성원으로의 책임과 의무를 다하도록 교육받아야 한다. 건강한 신체를 길러야 한다. 그리고 정서 함양을 위한 예능교육도 강화되어야 할 것이다. 이렇게 하지 못하면 다시 도약하는 대한민국은 없다. 우리가 가진 것은 인적 자원뿐이다. 바른 인격을 가지도록 교육하는 데 있어서는 좌파도 우파도 없다. 무슨 위원회를 만들면 꼭 좌파 우파가 개입하여 정치적 편향성을 드러낸다. 교육철학의 부재다. 정치가 변해야 한다.

인간의 본성을 두고 성선설이니 성악설이 대립하는가 하면, 성격과 재능을 두고 유전설과 학습설을 두고 많은 논쟁을 벌이고 있다. 본성의 문제는 차치하고 성격이나 재능과 관련한 일화는 많다. 미국의 흑인 빈민가에 거주하는 일란성 쌍둥이 실험이 있다. 한 사람은 빈민가에서 자라고 한 사람은 풍족한 교수 가정에서 양육한 후 20년이 지나 지적 능력을 검사하였더니 풍족한 교수 가정에서 자란 아이의 지능이 유의미한 수준으로 높았다는 연구 결과를 본 적이 있다. 한편, 지적장애인의 발생 원인을 규명하는 과정에서 지적장애인을 부모로 둔 자녀가 모두 지적장애인이 아니라는 연구 결과도 있다. 여하튼 유전설과 학습설 모두가 일리가 있는 주장이다. 유전설이 옳다고 하더라도, 결혼 전 지능검사 결과를 확인하거나 성격검사를 하고 결혼할 수 없는 것이 아닌가. 그렇다면 나는 학습 과정이 매우 중요하다고 본다. 지능지수가 높다고 해서 사회적으로 성공한다는 보장이 없다. 한편, 학습이론의 실험에서 보듯이 학습을 통해 성격과 행동이 바르게 길러지고 지적 능력을 향상할 자극들이 결합 된다면 좋을 일이다. 이처럼 교육의 힘이 위대하다.

낡은 이론이라고 하지만 프로이트(Sigmund Freud)는 아동의 발달단계를 구순기(oral stage), 항문기(anal stage), 남근기(phallic stage), 잠복기(latency stage), 생식기(genital stage)로 구분하고 성장과정의 성격특성을 설명했다. 간단하게 말하면 인간이 태어나 본능적으로 가진 ID가 사회적 양심 또는 도덕적 규율이 요구하는 초자아 상태로 나아가는 과정에서 겪게 되는 나이별 특성을 설명한다고 볼 수 있다. 그의 이론은 후학들에 의해 비판을 받고 있음에도 불구하고 매우 중요하다고 본다. 무조건 입으로 가져가는 구순기 시절에는 배고픔을 충족시켜 주어야 할 것이다. 아버지다움 그리고 어머니다움을 학습시켜야 할 남근기에는 아버지의 위엄과 권위, 그리고 어머니다움 등을 길러주어야 할 것이다. 아동의 성장단계에서 그 어느 하나 소홀히 할 수 없다. 교육철학은 선생님을 통해 아동에게 학습된다. 오늘날 교육대학이 성적이 우수한 학생들의 취업 문 역할에만 충실한 것이 아닌지 우려된다.

오늘날 화약고 하면 중동의 이스라엘과 팔레스타인을 생각하지 않을 수 없다. 1,800여 년간 지배하던 팔레스타인 땅에 1948년 이스라엘이 나라를 건국하면서 시작된 전쟁은 끊이지 않고 있다. 2019년도 국토교통부 자료에 따르면 이스라엘의 국토 면적은 220만 7천㏊이며 인구는 878만 명 정도다. 이는 우리나라 국토 면적 1,004만 128.5㏊에 비하면 5분의 1 수준에 불과하다. 두 나라는 모두 1948년에 건국하였다. 평화를 상징하는 유대교를 믿지만, 팔레스타인에 대한 이스라엘의 공격은 무자비하다. 그런데도 세계의 경찰이라는 미국은 입을 닫고 못 본 체할 뿐이다. 왜 그럴까? 단연코 힘이 있기 때문이 아닐까 싶다. 그 힘의 원천은 디아스포라와 유대인의 교육에 있다고 본다.

세계 제2차대전 당시 아우슈비츠 수용소에서 수많은 유대인이 학살당한 역사와 일제하에서 우리 민족이 겪었던 고통의 역사는 유사점이 많다. 전 세계에 흩어져 사는 유대인은 미국 530만 명, 유럽 200만 명, 캐나다 37만 명, 아르헨티나 25만 명, 호주 12만 명 등 이스라엘 국내 인구와 비슷하다. 우리가 잘 아는 아인슈타인, 경제학의 아버지란 애덤 스미스, 경영학의 아버지란 피터 드러커, 미국의 연방준비제도 이사회 전 의장 버냉키, 헨리 키신저

와 매들린 올브라이트 전 국무장관, 페이스북의 공동설립자 마크 저커버그, 영화감독 스티븐 스필버그 등 미국을 움직이거나 움직였던 유명한 많은 분이 유대인이다. 미국 인구의 2%에 불과하지만, 전 세계 부호의 40%, 세계 100대 기업 CEO의 30~40%가 유대인이기도 하다.

우리나라도 이와 비슷하다. 외교부가 작성한 2018년 12월 31일 기준 우리나라의 재외동포는 749만 명으로 동북아 329만 명, 북미 279만 명 중남미 10만 4천 명, 유럽 68만 7천 명, 아프리카 1만 1천 명, 중동 2만 4천 명으로 유대인의 재외국민 숫자와 비슷하다. 구한말 삶의 터전을 찾아 만주 등지로 이주하였거나 일제강점기 시절 독립운동 또는 강세로 끌려가 정착을 함으로써 시작되었다고 본다. 세계 어느 나라를 여행해도 동포들이 운영하는 곳에서 김치찌개, 된장국, 불고기의 맛을 볼 수 있으며 최근에는 K-culture에 이어 K-food 드림 현상이 나타나고 있다. 디아스포라를 말하려고 하는 것이 아니다. 세계 각처에 흩어져 있으면서 정치와 경제를 움직이는 유대인들은 그들 나름의 교육철학이 분명히 있었다. 유대인의 교육 핵심은 "너 생각은 어떻니", "너는 어떻게 생각하느냐"고 질문하는 교육이며, 실패하여도 "잘했어"라고 격려하며, "너의 생각이나 의견을 설명해 줘"라는 교육에 있다. 특히나 유대인들은 자녀들의 자존감을 심어주고 평생교육을 중시하였다.

우리나라의 교육제도를 살펴보자. 나는 교육제도에 대하여 잘 모른다. 그저 평범한 생각일 뿐이다. 교육부 장관을 하기가 참 어려울 것 같다. 대한민국에서 자녀를 둔 가정이면 모두가 우리의 교육제도에 관심을 가질 수밖에 없으며, 이해관계에 따라 저마다의 목소리를 내기 때문이다.

아이가 태어나 처음으로 접하는 사회적 시스템은 보육시설과 유치원 등 교육시스템이다. 어린이집과 유치원으로 이원화된 교육과 돌봄시스템을 이대로 둘 것인가. 어린이집과 유치원의 차이를 모르겠다. 국공립과 사설의 차이도 모르겠다. 어린이집은 '영유아보육법'에 의해 운영되고, 유치원은 '유아교육법'에 의해 운영된다지만, 이용 연령층은 비슷하다. 보육을 중시하는 어린이집을 다니다 초등학교에 입학하기 전 유치원을 이용하려 하지만 유치원 입학에 떨어졌다는 부모들을 흔히 볼 수 있다. 그리고 어린이집과 유치원 중에서도 국공립과 사립의 차이도 많은 것 같다. 양자 모두 대체로 국공립이 사립보다 교사의 처우나 보육과 교육의 질이 낫다고 평가하는 것 같다. 공산주의가 아닌 이상 똑같을 수는 없지만, 그 차이가 있다면 합리적으로 수긍할 수 있어야 할 것이다. 이러한 차이가 보육이나 교육의 질에 영향을 미치지 않아야 할 것이다.

궁극적으로 누가 운영 주체인지에 대한 문제보다 아이의 보육과 교육의 질이 우선 고려되어야 할 것이다. 소관 부처가 교육부, 교육청, 지자체, 복지부로 나누어져 있어 조정과 협력도 어렵다.

고민해 볼 일이다. 국공립의 경우 그 숫자가 적어 집 근처에서 쉽게 이용할 수도 없다고 한다. 아이를 둔 부모들은 아이의 등원 문제를 두고 아침이면 전쟁을 치른다. 아파트 입구에 있는 보호 장소에 아이를 데려다주기만 하면, 정부가 알아서 유치원으로, 어린이집으로 데려다주는 시스템을 만들 수 없을까?

나아가 우리나라의 교육체제인 초·중·고·대학교의 6년, 3년, 3년, 4년 과정을 이대로 둘 것인가? 초등학교 6학년, 중학교 3학년, 고등학교 3학년, 대학교 4학년의 교육제도가 만들어진 지가 아마 일제강점기 시절인데 아직도 그대로다. 초등학교 6학년 과정이 너무 긴 것이 아닌가? 우수한 인력을 너무 학교에 붙잡고 있는 것이 아닌가? 이대로 계속 살 것인가? 이대로 둔다면 다른 교육프로그램을 도입할 의향은 없는가? 우리가 국제적인 경쟁력을 가질 수 있는 부분은 인적 자원뿐이다. 거기에다 남자의 경우 병역의무를 완수해야 하므로 사회에의 진출 시기는 더 늦어지고 있다. 훌륭한 자원을 하루라도 빨리 사회로 내보내야 할 것이다.

국민의 역사 인식과 윤리의식이 퇴색되고 있다. 게다가 학생들이 스마트 폰이나 게임에 몰입함으로 정서적으로는 물론 신체적으로도 나약해지고 있다. 비만 인구가 늘어나고 정신과적 치료가 필요한 학생들이 늘어나고 있다. 선현들은 청소년기에 지·덕·체를 연마하여 호연지기를 기르라고 했다. 현행 학제를 그대로 둔다면 초·중학교 만이라도 방과 후 수업을 확대하라. 교과목을 줄이고 역사와 윤리, 그리고 1인 1 체육, 미술, 음악, 외국어를 학습할 수 있도록 해야 할 것이다. 역사와 윤리와 관련하여서는 늘 정치적인 논란이 있다. 보수와 진보 학자가 보는 역사관과 윤리의식을 두고 정권이 바뀔 때마다 대혼란을 초래한다. 정치적인 색채를 띤 학자는 교과서 등 저술에 배제해야 한다. 있는 그대로를 기술하여야 할 것이다. 아이들이 장성하여 건강한 한국인이 되도록 하여야 할 것이다.

고등학교 평준화의 문제도 고민해 볼 때다. 특목고를 보내야 할까, 수도권 대학을 보내라니 과외를 시켜야 할까? 과학고, 자율형 사립학교, 외국어학교, 예술학교 등이 정권에 따라 없어졌다 살아나는 현상을 보고만 있을 것인가? 평준화된 학교에서 수업을 받은 학생들이 명문대학 진학을 위해 학원에 다니고, 과외를 받는다. 그러나 학교 교육 과정은 당연히 중간 정도의 수준에서 초점을 맞출 수밖에 없다. 상위권의 학생에게 초점을 맞출 수도 없고 하위권의 학생에게도 초점을 맞출 수도 없다. 그러니 자연적으로 학원 등에서 선행학습을 한 학생에게도 손실이요 학습 진도를 따라가지 못하는 하위권의 학생에게도 고역이 아닐 수 없다. 교권도 무너졌으며 선생님에게 폭력을 행사하는가 하면 부모들이 달려와 아우성을 친다. 과연 이대로 둘 것인가. 우리가 자랑할 것은 인적 자원뿐인데 손실이 너무나 크다.

대학도 혁신해야 할 것이다. 정원 조정만이 능사가 아니다. 출산율의 저하로 점차 학생 수가 줄어들고 있다. 교육부가 발표한 2021년도 교육통계에 따르면 2021년도 고등교육기관의 입학자 수는 697,317명으로 전년 대비 29,664명(4.1%)이 감소하였으며, 일반대학과 전문대학의 입학자 수는 전년 대비 각각 13,393명(3.9%)과 21,826명(11.6%)이 감소한 것으로 나타났다. 반면에 대학원의 입학자 수는 3,874명(3.0%) 오히려 증가한 것으로 나타났다. 이러한 현상은 앞으로도 지속될 것이다. 물론 적정 수준의 구조조정도 필요할 것이다. 문제는 구조조정 만이 능사가 아니라고 본다. 구조조정을 하면 제일 먼저 희생양이 되는 학과는 아마 기초학문이나 예술 분야 등이 될 것이다. 이것은 아니라고 본다.

물리학, 수학 등 기초과학 분야에 대한 엄청난 투자가 필요할 것이며, 국문학, 역사, 음악, 미술, 체육 등 국민 정서 함양을 위한 학과도 매우 중요하다. 취업 자리가 없다고 제일 먼저 통폐합이나 정원축소의 대상이 되어서는 안 된다. 특히 기초과학의 경우 세계적 인재가 모이도록 과감한 투자가 필요하다고 본다. 그리하여 세계 각국의 인재가 우리나라로 유학을 오는 시스템을 만들어 보면 어떨까. 2021년도 교육통계에 의하면 학위과정 외국인 유학생 수는 120,018명으로 전년 대비 7,015명(6.2%)이 증가하였으며, 이는 고등교육기관 재적학생(3,201,561명)의 3.7%를 차지하고 있다. 지금까지 우리나라는 선진 학문을 배우기 위해 세계 각국으로 유학을 떠나기만 하였으나, 이제는 우리나라로 유학을 올 만큼 대학의 수준도 높아졌다.

대학이 발전하기 위해서는 우수한 교수와 연구시설이 갖추어져야 할 것이다. 세계 곳곳에 흩어져 있는 유명한 교수진을 확보함과 아울러, 대폭적인 연구지원이 있어야 할 것이며, 부당한 규제도 혁파해야 한다. 기부입학 등 대학의 재정을 확충하고 부당한 간섭을 지양해야 한다. 대학의 자율성을 대폭 보장해야 한다. 대학이 유능한 교수를 모시려 해도 획일적인 급여제도와 연구 활동 규정 등으로 그렇지 못하는 경우가 태반이다. 이것도 정치가 개입하여 혼탁하게 한다.

——— 아이들은 미래의 희망

　　　　　아동의 교육과 관련하여 다문화가정의 아이들을 생각
하지 않을 수 없다. 우리나라에 정착한 다문화가정의 아동들이 성
장한다면 이들은 자신의 어머니 또는 아버지의 나라를 매개로 당
연히 우리의 외교관, 기업가, 학자 등으로 국위를 선양할 것이다.
특히나 저출산 시대를 맞아 닫혀있는 이민의 문을 넓혀야 할 것임
과 아울러 다문화가정 아동의 정착과 진로에 대한 정책을 강화하
여야 할 것이다. 그러기 위해서는 무엇보다 우리 국민의 의식 변
화가 더 필요하다고 본다.

　　다문화가정의 아동은 자라는 과정에서 정체성의 혼란을 겪을
것이다. 요즘 초등학교 학생들의 교재를 보노라면 4~5학년만 되
어도 부모 세대가 문제를 풀거나 조언하기 어려운 과제가 많다.
그러나 이들을 양육해야 할 부모 중 한 사람은 우리 문화에 대한
이해도 부족하다. 외모도 다르다. 우리말도 서툴다. 이러한 보육

환경은 아동의 정체성에도 많은 영향을 끼칠 것이다. 과연 우리 사회는 다문화가정의 아동에 대한 교육철학이 명확한지를 질문하고 싶다. 다른 분들은 모르지만 내가 느끼기에 우리나라 사람들은 미국이나, 유럽인들에 대해서는 대체로 호감을 느끼거나 좋은 감정을 가지고 대한다. 그러나, 코리안 드림으로 우리나라에 결혼 이민을 온 동남아시아 국가의 사람들에 대해서는 인색한 것 같다. 임금을 착취하거나 못된 짓을 하는 기사를 많이 접하게 된다. 심히 분노할 일이다. 유대인의 디아스포라를 생각해 보자. 이는 유대인의 지도자 시몬 바르 코크바가 서기 135년 로마를 상대로 일으킨 유대 독립전쟁에서 패한 이후 예루살렘에서 추방되어 세계 각지에 흩어져 살면서 유대교의 규범과 생활 관습을 유지하는 유대인을 가리키는 말에서 유래하였다.

그 후 로마와의 독립전쟁에서 패한 유대인들이 본토를 떠나 타국에서 자신들의 규범과 관습을 유지하며 살아가는 공동체 집단 또는 그들의 거주지를 가리키게 되었다. 세계 각국에 흩어져 살고 있더라도 이들의 조국애는 대단하다. 다문화가정의 자녀들 역시 코리안 드림뿐만 아니라 나은 삶을 추구하고자 언어도 문화도 생소한 나라에 와 정착한 사람들의 자녀다. 우리 국민이다. 특별한 관심과 지원이 필요하다고 본다. 자긍심을 심어줄 과감한 지원이 필요하다. 전 국민을 대상으로 지원하는 재난지원금보다 우선으로 예산이 배분되어야 할 것이다.

캐나다 이민을 떠난 친구가 적응하지 못하고 고민한 경험을 들은 적이 있다. 자녀들에게 더 넓은 세상을 경험하게 할 요량이었지만, 우리의 문화와 캐나다의 문화는 너무도 달랐으며, 언어의 장벽도 커서 다시 국내로 돌아오려고 마음을 먹었단다. 그런데 어느 날 아이가 학교에서 돌아오고 난 후 그 반 아이들이 하나둘씩 자기의 집으로 몰려들었단다. 이유인즉 조별 발표를 해야 하는데 아이의 영어가 서툴러 함께 공부하자고 왔단다. 이내 그 아이는 같은 반의 친구들과 스스럼없이 친숙하게 지내며 적응할 수 있게 되어 캐나다의 교육시스템에 감동하고 귀국을 포기했단다. 차이를 인정하되 차별하지 않는 교육시스템이라고 해야 할까?

우리는 사회적으로 작은 사건이 있어도 언론이 난리법석이다. 난리의 성화에 국회는 지키지도 못할 갑돌이 법, 갑순이 법, 길동이 법 등을 만들고 걸리면 손해, 안 걸리면 다행이라는 의식만 조장해 왔다고 본다. 법률의 제정이 만능인 사회, 사회의 어두운 면만 부각하여 이간질하는 언론, 대안도 없이 비판만 하는 정치인, 나는 선한 사람, 반대는 적폐라고 외치는 사회다. 이를 개선하기 위해서 정치인들은 또 무엇무엇을 개선하는 법을 만들려고 난리다. 어렸을 때부터 받은 교육 철학의 부재가 아닐까?

수요자가 바라는 복지정책

일선의 공직자를 만나면 늘 바쁘다 한다. 무엇이 바쁘냐고? 행정 사무감사 준비, 감사원을 비롯하여 행정안전부 종합감사, 소관 중앙부처 감사, 상급 기관의 감사, 자체 감사 등 준비에 바쁘다고 한다. 그리고 국회 요구자료 제출, 광역의회를 비롯한 기초의회 요구자료 작성, 의회 업무보고 준비, 예산안 심사 준비, 결산 심사 준비 등을 하느라고 바쁘다. 또 기관장에 대한 보고서 작성과 행사 준비로 바쁘다. 이러한 일련의 감독부서에 대응하는 일을 하느라고 정작 주 고객인 주민, 시민, 국민에 대한 서비스를 전달하고 시스템을 구축하는 일은 소홀해질 수밖에 없다. 주객(主客)이 전도된 것 같다. 국회나 지방의회의 요구자료도 똑같은 자료를 5년이나 10년 이상의 자료를 요구하는가 하면 컴퓨터로 분류할 수 없는 다양한 형식의 자료를 요구한다. 냉정하게 따져보면 기가 찰 일이다. 물론 감독이 없으면 느슨해지고 때론 부정을 저지를 수 있는 것이 세상사이니 어찌할 수 없으나 이것은 아니다. 시스템을 혁신해야 한다. 국회 또는 정부가 수립한 정책을 대상에게 전달하는 자는 일선의 공직자다. 공직자가 깨어 있고 문제를 인식하고 제도가 부족하면 건의하고 국회 또는 정부는 현장의 소리를 경청하고, 법령을 정비하는 순환구조가 되어야 할 것이다. 그러나 현실은 그렇지 못한 것 같다.

한때 우리 모두의 가슴을 아프게 했던 송파구의 세 모녀 자살 사건이 새롭다. 이 사건은 2014년 2월 서울 송파구 석촌동의 단독주택 지하에 세를 들어 살던 세 모녀 일가족이 자살로 생을 마감한 사건이다. 당시 60세였던 박모 씨는 35세였던 큰딸, 그리고 32세였던 작은딸과 함께 살고 있었으며, 인근 식당에서 일하며 생계를 잇고 있었다. 큰딸은 당뇨와 고혈압을 앓고 있었으나 비싼 병원비 때문에 치료를 제대로 받지 못했으며, 작은딸은 만화가 지망생으로 아르바이트를 하며 돈을 벌고 있었으나 빚으로 인해 신용불량자가 된 상태였다. 이렇게 된 원인은 생활비와 병원비를 신용카드로 부담했기 때문이었다. 아버지는 12년 전 방광암으로 세상을 떠났으며 어머니인 박모 씨가 사실상 집안의 생계를 책임지고 있었는데, 사건 발생 한 달 전 넘어져 몸을 다쳐 식당 일을 그만두게 되면서 실의에 빠진 것으로 추정된다. 그리하여 생활고로 고민하던 끝에 집세 및 공과금인 70만 원이 든 봉투와 유서를 남긴 채 번개탄을 피워 일가족이 동반 자살로 생을 마감하는 비극이 일어났다.

이 사건은 우리나라 사회복지제도의 허점을 드러낸 비극적인 사건이었으며, 이후 사회보장시스템 개선에 대한 많은 비판이 오갔다. 이들은 왜 사회복지 혜택을 받지 못했을까? 우선 이 가족은 사회복지제도에 대한 지식 부족 때문에 국민기초생활 수급자로 신청하지 않은 것으로 보인다. 또한 국민기초생활 수급자 신청을 했다고 해도, 어머니는 식당에서 일할 당시 월 120만 원 상당의 소득이 있었으며, 큰딸의 질병인 당뇨와 고혈압은 근로가 어려울 정도의 병으로 인정받지 못했다고 한다. 어머니가 식당 일을 그만둔 상황에서는 가족 중에 근로 능력이 있는 사람은 작은딸이 유일하지만, 이 경우 가족 중 근로 능력이 있는 사람이 두 명인 것으로 간주되어 국민기초생활 수급자 혜택을 받지 못한다. 제도의 허점뿐만 아니라 우리나라의 복지제도 자체가 취약계층으로 구별된 사람들이 신청해야 돕는 신청주의를 원칙으로 하고 있다. 그리고 행정자료의 전산화가 잘 되어 있음에도 각 자료의 유기적 연결은 안 되어 있어서 복지 혜택을 받기 위해서 급여 명세서, 4대 보험료 납부 증명서 등을 수혜자 본인이 직접 준비해야 한다. 즉, 자신이 취약계층임을 적극적으로 알려야 혜택을 받을 수 있다.

　이 사건을 계기로 사회복지시스템에는 많은 변화가 생겼다. 국민기초생활 수급자만 되면 생계, 의료, 주거, 교육 등 여러 가지 복지 수급을 받을 수 있던 것을 소위 맞춤형복지로 전환되었다. 즉 교육비를 지원받을 수 있는 사람, 의료비를 지원받을 수 있는 사람 등 필요한 욕구에 따라 급여를 지급하는 제도로 바뀐 한편, 찾아가는 복지시스템이 확충되었다. 이 문제를 정부가 대비하고 준비했을까? 일선의 공직자가 제도개선을 건의했을까? 국회나 정부가 이러한 건의를 배제하였을까? 의문이다. 전국 주요 언론 지면을 도배하고 국민의 공분이 있었기에 국회나 정부가 나선 것이다.

당연히 일선 공무원이 현장의 애로사항을 중앙정부에 건의하고 중앙정부는 이를 수용하고 주요 정책의제로 채택하려는 시스템이 마련되어야 할 것이다. 그러나 현실은 그렇지 못하다. 국회는 국정감사 및 자료 요구 명목으로 부당하게 많은 자료를 요구하고 있다. 국가 사무와 지방사무의 구분도 없다. 십수 년이 지난 자료도 요구한다. 지방의회도 마찬가지다. 문제를 해결하려는 진정성보다 언론에 터뜨려 존재감을 과시하려는 욕구가 앞선 것이 아닌가 하는 의심이 든다.

또한 각종 감사 등도 이중 삼중이며, 합목적성이나 합리성보다 엄격한 지침을 준수하였는지를 확인하는 지적 위주가 많다. 건수 위주의 감사 지향이다. 그러니 자연적으로 일선 행정의 초점이 클라이언트인 국민에게 있는 것이 아니라 상급 기관이며 지침이며 이에 많은 시간을 허비할 뿐이다. 언론도 가세한다. 실명 기사의 도입으로 폭로성 위주의 보도가 많이 지양되었다고 하지만, 의혹이 있다는 자체의 보도만으로도 공직자는 낙인이 찍히고 주눅이 든다.

설령 현실의 문제를 인지하고 제도를 개선해 달라고 건의해도 현 법령을 이유로 무시당한다. 사람이 죽거나 사회적 큰 사건이 되어 사회적 이슈가 되었을 때 언론을 포함하여 온 나라가 호들갑을 한 이후에야 부랴부랴 국회는 법을 만든다고 난리다. 법 만능이다. 또한 지방자치 시대라고 하지만 자치의 폭은 너무 좁다. 오로지 엄격한 중앙부처의 지침을 따라야 하니, 누구 하나 과감하게 제도를 개선하려 하지 않으며 그 피해는 사각지대에 있는 국민일 뿐이다.

IoT나 AI를 활용하는 방법은 없을까? 불필요하고 부당한 자료 요구 제출을 막을 방법은 없을까? 이중삼중의 불필요한 감사를 막을 방법은 없을까? 합리성이나 합목적성 그리고 사람 중심의 감사를 할 방법은 없을까?

한편, 법안 제출 건수나 통과 건수로 국회의원이나 지방의원의 의정활동 점수를 매기는 민간단체가 많다. 이들이 매긴 점수를 언론은 공표하고, 국민은 이를 의정활동의 유일한 성적으로 믿는 구조적 모순도 있다. 의혹이 있다는 보도도 지양되어야 한다. 지적 건수 위주의 공직자의 성과 지표도 개선되어야 한다.

이에 덧붙여 저출산 시대를 맞아 우리의 인구정책도 변화해야 한다. 인구의 양적 확대 정책도 중요하다지만, 인구의 질을 향상하는 정책에도 주안점을 두어야 할 것이다. 보통의 수준을 벗어난 아이들을 치료하고 적응하기 위한 정책에도 출산장려정책에 버

금갈 정도의 투자를 해야만 한다.

아이만이 아니다. 이 기회에 우리나라 복지제도의 허점 하나를 예를 들어보기로 하자. 버스를 타고 시내를 가다 보면 버스정류장은 물론 가로의 쓰레기, 잡초, 손상 등을 수없이 보게 된다. 물론 자치단체의 시설물 관리 인력의 소관이겠지만 작은 정부를 지향하는 측면에서 이를 관리하는 인력을 확대할 수도 없다. 그러니 이들의 손길은 늘 바쁘다. 지방자치단체별 노인 일자리 사업을 왕성하게 수행하고 있다. 그러나 그 실상을 들여다보면 대부분이 학교 앞 교통질서 도우미나 보이는 곳을 중심으로 한 환경정비 또는 복지도우미가 대부분이다. 대부분 지방자치단체의 노인인구가 20%를 넘어선 초고령사회에 접어들었다. 앞으로도 계속 이러한 시스템으로 관리할 것인가? 노인 일자리 사업을 수행하는 기관 대부분이 100명 정도를 한 사람이 관리하고 있다. 그러니 주요 업무는 출결 상황 관리와 임금 지급 업무에 전념하는 수밖에 없다. 지역에 있어 손길이 필요한 곳을 발굴하고 배치하고 점검하는 노력이 있어야 할 것이다.

왜 그렇지 못할까. 그놈의 사업 지침 때문이다. 관리인력을 충분히 배치하여 손길이 필요한 분야를 발굴하고, 확인하거나 점검하여야 할 것이다. 관리인력은 65세가 지나도 좋다. 사실상 베이비붐 세대의 은퇴자들은 많은 역량을 가지고 있다. 이들을 활용하여 사업의 효과성을 다시 한번 점검해 보라는 것이다.

복지업무를 기획하고 추진하는 공직자의 성과는 잘 드러나지 못한다. 대규모 건설사업이나 사회적 인프라를 구축하는 분야는 매스컴뿐만 아니라 지도자로부터 관심을 받는다. 그러나 음지를 밝히고 사회를 아름답게 만드는 일들은 돈이 들어가고, 성과를 측정하기가 어려운 관계로 재원을 배분하는 것이 늘 후순위다. 우리나라는 세계 어느 나라보다 치안 상태가 좋은 나라라고 알고 있다. K 문화를 중심으로 많은 외국인이 우리나라를 찾는다. 언제까지 굴뚝산업 위주의 사고만 할 것인가? 차제에는 아동의 건전한 성장을 기함과 동시에 경험이 풍부한 노인 인력을 효율적으로 활용하는 사회복지제도로 발전할 수 있도록 재점검하기를 바란다. 예를 든다면, 밤늦게 도서관이나 학교에서 집으로 돌아가는 길목에 노인 일자리 인력이 조를 편성하여 야간 보안관 활동을 한다면, 우리의 딸들이 얼마나 안전하게 느낄까? 이들에게는 차등하여 수당을 지급하라.

1986년 1월 28일 발사된 우주왕복선 챌린저호는 발사 후 73초 만에 대서양 상공에서 폭발하여 7명의 우주비행사의 목숨을 잃었다. 폭발 사고의 원인은 로켓 부스터 내 연료의 누출을 막아주는 고무 재질의 둥근 링이 추운 날씨의 영향으로 파손됐기 때문이었다. 발사 전 NASA 회의 때, 우주왕복선 고체 로켓 부스터를 설계하고 제작한 경험 많은 고무 링 기술자는 발사를 취소하거나 일정을 조정해달라고 몇 번이고 요청하였다. 그러나 NASA의 고위 관리자들은 그의 말을 무시하고 발사를 허가하였다. 결과적으로 챌린저 우주왕복선에 장치된 고무 링은 낮은 온도로 인해 탄력성이 부족해져 발사 후 그 틈으로 새어 나온 고온, 고압의 연료에 불이 붙었으며, 그 불꽃이 외부연료탱크 아래쪽에 들어 있는 액체수소 연료로 옮겨붙으면서 폭발했다고 한다. 엔지니어들의 발사 연기 요청을 무시한 나사 관리자들의 잘못된 판단이 비극을 초래한 것이다.

우리도 이러한 경험을 많이 하게 된다. 상사는 경쟁에서 살아남아야 한다는 마음에 일사불란한 행동을 직원들에게 강요하는가 하면, 문제를 제기하고 해답을 얻기 위해서는 많은 저항을 극복해야 하고 시간과 에너지를 쏟는다. 법대로 하기를 바란다. 하지만 사회현상의 문제는 법에서 규정한 범위를 벗어난 경우가 많다. 때로는 법을 개정하고 법이 없으면 법도 새로 만들어야 할 것이다. 그렇지만, 이러한 과제에 힘을 쏟기보다 감사나 보고 그리고 상급부서의 지시에 순응하는 조직 문화에 길들여 왔다고 본다.

바라건대, 최일선의 실무자는 무엇이 문제인지는 가장 잘 아는 사람이어야 한다. 법률의 규정에 따른 철저한 집행은 기본이다. 하지만 어디를 가나 법의 사각지대는 있기 마련이다. 측은지심으로 문제를 바라보고 문제점을 지적하며 정책으로 반영해 달라고 내부로, 외부로 건의하고 상사는 문제를 자세히 살펴보고, 그의 경험과 전문 지식을 활용하여 정책화 방안을 도출할 수 있는 조직 문화가 형성되어야 할 것이다. 언론이 대서특필하고, 국회가 청문회, 국정감사, 국정조사 등을 한다고 호들갑을 떨기 전에 말이다.

요양보호는 필수, 꼼꼼한 점검과 대비

　　70이 된 이 나이에 노환에 계신 부모님을 모시고 있는 친구들을 보면 가끔 이런 생각이 든다. 그래도 부모님이 계시니 좋겠다. 그러나 부모님 부양을 둘러싼 가족 간의 갈등을 표현하는 현실 앞에는 그렇지 않다. 특히나, 치매나 거동이 불편한 상태에서 오랫동안 살다 보면 누구나 지칠 것이고, 요양원이나 요양병원으로 보내야 한다면 마음이 더욱 아플 것이다. 전문 복지기관에서 전문가에 의해 보호를 받으니 오히려 보호 환경이 좋겠지만, 자녀의 입장이 되어 보면 다시는 돌아오지 못할 강을 건넌다고 생각하니 더욱 가슴이 아플 것이다.

　가장 바람직한 모델은 태어나거나 생활한 지역사회에서 생을 마감하면 오죽이나 좋으련만 현실은 그렇지 못하다. 이를 위해 정부가 가정에서 전문 인력에 의한 보호를 받을 수 있도록 재가복지(在家福祉)란 정책을 펴고 있으나, 그래도 가족의 부양 부담은 상당할 수밖에 없다.

과연 우리는 어떻게 해야 할까? 많은 분들이 우리는 스스로 요양시설 등을 택하여 떠날 것이라고 하지만, 우리 부모님을 어떻게 보호할 것인가에 대해서는 막막하다. 아내의 부양 부담을 덜어주고 부양에서 오는 갈등을 예방할 수 있다는 당위성은 충분히 인식하지만, 결정을 앞둔 순간에는 밤새워 고민하고 마음 아파할 것이다. 왜? 왜라고 답함에 있어서는 먼저 지난날 부모의 모습을 그려보지 않을 수 없다. 격동기를 살아오신 부모님이기 때문이다. 가혹한 일제 수탈의 시대, 그리고 6.25라는 전쟁으로 폐허가 된 혼란의 시대를 살아오면서 의식주의 해결은 물론이고 다자녀를 둔 가장으로서 겪어야 했던 아픔들을 생각하지 않을 수 없다.

　간혹 아내가 이제 일만 하지 말고 좋은 곳을 가보기도 하고, 맛있는 차도 한 잔 마시는 여유를 가지며 살자고 한다. 당연한 말이지만 70년이 지난 습관은 쉬 변하지 않는다. 우리 세대의 아버지 어머니를 생각하면 그들은 자녀를 먹이고 공부시키기 위해 죽도록 일하는 것이 행복이라고 여겼을 것이다. 그리고 명절날이면 목이 빠지도록 자녀를 기다리는 것 역시 행복이라 여겼을 것이다. 인고의 세월을 살아오신 부모님, 살아오는 과정에서 자신의 미래 준비는 하나도 하지 못하였으며 그 여력도 없었을 것이다. 이런 부모님이 연로하시고 노환 상태에 있을 때 과연 우리는 쉽게 요양원에 가자고 말할 수 있을까?
　내가 사랑하는 6촌 동생이 있다. 6촌이 먼 친척일 것 같지만, 나의 할아버지와 동생의 할아버지는 형제간이다. 가까운 관계다. 이 동생은 형제로 있다가 불의의 사고로 동생이 먼저 하늘나라로 갔다. 그의 아버지인 5촌 당숙께서도 몇 년 전 노환으로 돌아가셨다. 홀로 남은 형인 동생은 이러한 일연의 상황들을 겪으며 많이 마음 아파했다. 동생은 총명하여 지독히 어려운 환경 속에서도 연세대학교 상대를 졸업하였으며 증권회사 최연소 지점장이 되기도 하였다. 지독히 가난한 환경 속에서 어머니(나의 당숙모)의 사랑을 받으며 성장했기에 남아 있는 부모 부양에 최선을 다했다. 아들도 알아보지 못하는 중증의 치매 어머니 보호를 위해 다니던 직장을 그만두었다. 동생의 아내와 자녀는 안양에서 거주하며, 동생은 퇴직금으로 영동에 전원주택을 구하여 어머니를 모셨다.

가끔 당숙모의 차도가 어떠한지를 물으면 보호하는 과정에서 겪는 힘든 일들을 나에게 오랫동안 토로한다. 형의 전화가 반가운가 보다. 아들이 하나 있다고 하며 아저씨는 누구냐고 한단다. 아들이 보고 싶냐고 물으면 보고 싶단다. 그러면 동생 왈, "그놈 자식 못된 놈"이라고 하면 우리 아들 착하다고 그런 말 하지 말란다. 아들이 어머니를 모시면서 겪는 어려움은 이루 말할 수 없다. 그렇지만 동생은 자식을 먼저 보낸(저보다 먼저 간 동생) 아픔으로 어머니가 몹쓸 병에 걸렸나 보다 하고 지극으로 모셨다. 그것이 자신의 소명이라 생각한 것이다. 당숙모는 이제 하늘의 부름을 받아 떠나셨다. 동생을 생각하면 애처롭기도 하고 존경스럽다. 동생이 그렇게 할 수 있었던 것은 어려운 환경 속에서도 지시형이 아닌, 자녀의 성장을 지켜주신 부모 교육 덕이 아니었나 싶다.

　나의 어머니는 89세 되던 해 교회에 가려고 문 앞을 나서는 순간 심장마비로 돌아가셨다. 한동안 너무 슬프고 가슴 아팠던 기억이다. 어머니께서 갑작스럽게 세상을 떠나시지 않고 와병 상태에 오래 계셨으면 어떠했을까? 어머니께서 돌아가시고 홀로 남은 동갑내기 아버지는 우리 집과 형님 집을 번갈아 오가며 생활하시다 이내 곧 어머니 곁으로 떠나셨지만, 만약 어머님과 아버님이 살아 계신다면 "어머니, 아버지 요양원에 갑시다"라고는 말하지 못하였으리라.

　부모 부양과 관련하여 볼 때, 결국 우리 자녀들도 우리 모습을 보며 배운다는 것이다. 간혹 친구들과 죽으면 어떻게 할 거냐고 질문한다. 많은 이들이 나는 죽으면 화장해서 산이나 바다에 뿌려버리라고 하겠단다. 미국 소설가 알렉스 헤일리의 원작인 〈뿌리(ROOTS : The Saga of an American Family)〉라는 드라마가 있다. 1977년 미국에서 처음 방영된 드라마로 1750년대 쿤타킨테의 노예 생활을 시작으로 그의 딸, 그 딸의 아들들, 그 아들들의 자식들까지 총 4대에 걸쳐 노예 생활로 이어지는 처참한 삶의 뿌리를 더듬어 가는 드라마다. 이 드라마를 보고 생각이 많이 달라졌다. 조그만 표지석이라도 만들어 자녀들이 부모를 생각하거나 표지석을 매개로 교류하는 장이 되었으면 한다. 부모님이 살아 계실 때 명절 등을 기회로 자녀들은 모이게 된다. 형제자매 사이에 소통의 장이 펼쳐진다. 그러나 부모님이 돌아가시면 바쁜 오늘날의 시대에 형제자매가 함께 모여 소통하는 장은 없어져 버리고 각박하게 살아간다. 의도적이 아니지만 바쁜 일상에서 어쩔 수 없다. 너무 각박하다. 정서적으로 메말라 간다. 흔히들 명문 가정이라고 말을 한다. 명문 가정이 무엇일까? 고관대작의 가정일까. 유명 예술인의 가정일까. 모르겠다. 신실한 가정, 선한 영향력을 끼치는 가정, 많은 이들이 본받고 싶은 가정이 아닐까? 사소한 것들이 모여 이웃을, 사회를, 나아가 국가에도 선한 영향력을 끼치지 않을까 싶다.

부모 부양 문제로 되돌아 가보자. 우리나라도 복지국가란 이름으로 나름의 복지제도가 서서히 갖추어가고 있다. 국민기초생활보장, 국민건강보험, 고용보험, 산업재해보상보험, 국민연금, 노령연금, 노인장기요양보험, 장애인 활동 보조 등의 제도는 복지국가의 핵심 요소다. 아직도 보완해야 할 과제가 많지만, 문제는 이러한 제도들의 역사가 일천하다는 점이다. 그렇기에 당연히 우리의 부모 세대는 이러한 제도의 혜택을 받지 못하였다. 당신께서 자신의 부모를 부양하였듯이 자식들도 그렇게 해주기를 바랄 것이다. 그렇지만 문화적인 차이도 있겠지만 꽉 짜인 현실 상황에서 부모 부양에 전적으로 매달릴 수도 없다. 요양시설에 부모를 모셔도 본인부담금이 상당한 부담이 된다고 토로한다. 베이비붐 세대는 혼자 살아갈 수 없다면 당연히 스스로 요양시설 등에서 보호를 받아야 할 것이다. 그러기 위해서는 노후 자금도 어느 정도 준비되어야 할 것이다. 자금이 없다면 사보험이라도 가입해야 할 것이다. 문제는 부모다. 집에서 보호할 수 있는 여건이 된다면 당연히 가정에서 최후를 맞이할 것이다. 그렇지 않다면 요양시설에서 보호를 받는 것도 신중하게 고려해 볼 필요가 있다.

요양과 관련하여 요양시설과 요양병원을 비교하는 경우가 많다. 차이는 무엇인지를 자주 물어본다. 내가 아는 바로는 의사가 상주하느냐의 차이다. 의사가 상주한다면 당연히 안전이 보장될 것이다. 그렇지만 요양시설에 있어도 요즈음 5분 이내로 가까운 병원에서 보호를 받을 수 있다. 요양시설의 경우 요양보호사가 많다. 그렇지만 요양병원의 경우 의료 인력에 지출되는 비용이 만만치 않다. 요양시설의 경우 병원보다 더 요양보호사와 접촉하게 된다. 사람이 사람과 접촉해야 하는 것은 당연지사다. 요양시설의 경우 다양한 프로그램을 이용함으로써 생기가 돌 수 있다. 노인의 상태에 따라 병원일 수도 있고 요양원일 수도 있다. 그러나 부모를 병원에 모셔야 한다는 고정관념은 깨어버려야 한다.

이 세상에서 간호를 가장 잘하는 사람은 누구일까? 물론 간호사다. 간호사는 전문적인 교육을 받은 고급 인력으로 많은 보호기관에서는 그 대체 수단으로 간호조무사, 요양보호사 등 보조 인력을 활용한다. 종전의 가족 중심 부양 부담에서 국가 주도의 부양

체계를 구축해 가야만 하는 과정에서 나타나는 필수적인 현상일 것이다. 여기서 말하고 싶은 것은 이러한 요양보호 체계가 아니다. 과연 이들의 복지 철학은 무엇인가를 말하고 싶다. 생각건대 이 세상에서 간호를 가장 잘하는 사람은, 나는 어머니라고 말하고 싶다. 어머니는 어떻게 하면 좀 나아질까, 아프지 않을까, 행복해할까에 최우선을 두고 보호를 할 것이다. 주는 사랑이다. 진정으로 자녀의 행복에 초점을 맞춘다. 보호를 담당하는 인력이 부모와 같은 사랑을 달라고 요구함은 무리다. 하지만 이들이 측은지심으로 클라이언트를 보호할 수 있도록 최소한의 시스템을 구축하고 확인하고 평가하는 사회적 기제가 있어야 할 것이다.

한편, 노인인구가 많아짐에 따라 부양 부담을 완화하고자 건강보험이나 장기요양보험제도가 자리매김하자 곳곳에 요양병원이 우후죽순처럼 늘어나고 있다. 수요와 공급의 원리에 따라 적정한 수요를 초과한 병원공급은 결국 환자를 확보해야 하는 운영전략이 최우선시되고 보호 인력에 대한 저임금 및 과중한 업무 부담을 강요하게 된다. 이것이 현주소다. 누가 제일 피해자인가? 수요와 공급의 원리에 따른다고 하더라도 그 운영의 첫째 사명은 환자 보호에 중점을 두어야 할 것이다. 직업공무원제도를 살펴보자. 직업공무원제도는 엽관제의 폐해에 대응하기 위해 정착된 제도로 누구나 다 아는 바와 같이 공무원을 직업으로 선택하는 제도다. 실적에 따라 승진이나 급여가 보상되며 무엇보다 자기가 했던 과제에 대하여 성취감을 느끼면서 자아를 실현할 수 있는 이점을 가진 제도다. 요양보호사를 생각해 보라. 과연 과중한 업무에다 낮은 급여를 받으면서 떠나려면 언제든지 떠나라는 업무 환경에서 성취감이나 사람 중심의 보호를 할 수 있을까? 없다.

그러면 어떻게 해야 할까? 그것은 당연히 정부의 몫이다. 급여 체계도 현실화하고, 아울러 평가 척도에 환자 중심으로 운영되고 있는지도 당연히 평가하여야 할 것이다. 그리고 그 결과를 공표하고 필요한 경우, 제재도 강화하여야 할 것이다. 장기요양보험료 인상도 불가피하다. 국민을 설득하여야 한다. 그리고 경영진은 물론이고 구성원 모두에게 복지 철학을 심어주어야 할 것이다. 70세나 80세가 넘어도 요양병원 원장이나 의료 인력으로 종사하는 경우가 태반이다. 물론 임상경험이 풍부한 전문가가 의료상황에 대처하는 것은 단점보다 장점이 많을 것이다. 하지만 이분들 역시 의사로서 고생도 많았지만 충분한 급여로 가족의 풍족한 생활을 누렸으니 이 세상에서 빚진 자로 봉사하며 섬기려는 사명감이 우선시되어야 할 것이다. 우리나라의 복지와 의료체계는 보편주의 방식을 취하는 유럽식보다 선별 주의적 방식을 취하는 미국식에 가까워 많은 부분을 시장 기능에 맡겨두고 있다. 시장이 실패하면 공공이 개입해야 하는 법 이것이 혁신이다. 공공만이 능사도 아니다. 그것이 문제다. 정부는 심각하게 고민해야 할 것이다.

에필로그

    우리는 눈만 뜨면 새로운 소식을 접한다. 사건이나 사고 소식은 차치하고, 조수미 조성진 등 유명한 예술가 등이 세계인의 심금을 울렸다거나 김연아 선수가 금메달을 도둑맞았다는 소식, 손연재 선수가 금메달을 아쉽게 놓쳤다는 소식, 손흥민이 또 골을 넣었다는 소식을 접하는가 하면 브라운관을 통해 들려오는 구성진 노래를 듣기도 한다. 우리나라에서 정상급을 넘어 세계적인 정상으로 오를 수 있다는 일이 얼마나 힘든 일인가? 신체적 고달픔은 물론, 위기를 극복하려는 정신적인 고달픔은 말로 표현할 수 없을 것이다. 각 분야에서 세계적인 정상급 수준이 아니라고 하더라도 조그만 기업의 사업가도 성공에 이르기까지 수많은 고민의 과정을 지내 온 사람들이다. 이들의 공통점은 분명한 목표 의식이 있었으며, 끝없는 자신과의 싸움에서 이긴 사람들이다. 이들의 성공적인 삶이 대중에게 조명됨에 따라 이들에게는 점차 공인으로서 의무가 부과되기도 한다. 이웃을 돌보고 후학을 양성하는 등 선한 삶을 살 것을 요구하게 된다.

   소위 말하는 유명인뿐만 아니라 주변에는 크고 작은 일에 선한 영향력을 끼치며 살아가는 분들이 수없이 많다. 그들은 대부분 현역 은퇴를 싫어한다. 하지만, 은퇴는 피할 수 없다. 이제는 문화가 바뀌었다. 디지털 시대, 개방화, 세계화 시대다. 다음 세대들은 우리들의 아버지와 우리가 이루었던 업적을 뛰어넘어 무한한 세상으로 나아가야 하는 세대다. 그들은 힘들어한다. 죽도록 일만 해도 서울의 아파트 한 채도 살 수 없다. 꼰대처럼 이래라 저렇게 하라는 말은 통하지 않는다. 멀리서 지켜볼 따름이다. 그저 응원하면서.
   지나온 삶을 되돌아보니 초라하기 그지없다. 이기적인 삶이었으며 살아남는 방편에 불과했다. 하지만, 흠이 없는 삶이 어디 있으랴. 그래도 말할 수 있는 것은 늦으나마 성년의 때를 살아오면서 늘 깨어 있으려 노력했다. 이러한 삶의 과정에 겪었던 몇 가지 일화라도 기록해 보면서 또 남아 있는 제3의 삶을 살아가고자 이 글을 썼다. 초라한 이 글을 누가 읽어보게 될지 모르지만, 앞선 세대가 다져놓은 기반 위에서 우리 세대가 태어나고 성장하며 또 일하며 살아왔듯이 다음 세대에게 혼, 애씀의 문화유산을 물려줄 수 있기를 바란다. 그리고 이 글을 쓰면서 언제까지 일지를 모르지만 만족해하며 모래알만큼 작을지도 모르지만, 선한 영향력을 끼치며 살아가기를 다짐하게 된다.

山 너머
곳간

김종윤 지음
초판 1쇄 2025년 9월 30일
펴낸이 박미화, 박수정
펴낸곳 미디어줌
등록 2011년 11월 18일 제 338-251002009000003호
주소 (48314) 부산광역시 수영구 수영로 440
전화 051-623-1906 | **팩스** 051-623-1907 | 편집실 070-4012-6063
홈페이지 www.mediazoom.co.kr | 전자우편 mediazoom@naver.com

편집 책임 안서현 | **교정·교열** 임정서 | **디자인** 김민아

ISBN 978-89-94489-79-7 (03800)